V&R

Heide Simonis

Verzockt!

Warum die Karten von
Markt und Staat neu gemischt
werden müssen

Vandenhoeck & Ruprecht

Der Verlag dankt

den Teilnehmern des Praxisseminars »Wer Bücher liebt, weiß …« am Zentrum für komparatistische Studien der Georg-August-Universität Göttingen für Anregungen und Argumente, ganz besonders Anna-Lena Markus und Hauke Hückstädt für den Titel,

dem Suhrkamp Verlag für die Erlaubnis zum Abdruck des »Alphabets der Krise« von Hans Magnus Enzensberger,

Bernhard Emunds für die Genehmigung zur Wiedergabe seiner Thesen vom April 2009.

Bibliografische Information der Deutschen Nationalbibliothek

Die Deutsche Nationalbibliothek verzeichnet diese Publikation in der Deutschen Nationalbibliografie; detaillierte bibliografische Daten sind im Internet über http://dnb.d-nb.de abrufbar.

ISBN 978-3-525-30002-2

Layout und Satz: textformart, Daniela Weiland, Göttingen
Druck und Bindung: fgb freiburger graphische betriebe

Gedruckt auf alterungsbeständigem Papier.

INHALT

Vorwort 7

»The party is over …« 9

Katerstimmung 11

Unordentliche amerikanische Verhältnisse … 13

… und verkehrte deutsche Verhältnisse 15

Erste Aufmunterung der Stimmungslage 18

Auf der Bühne nebenan: Sport und Moral 19

Gewitterlagen andernorts 20

Neu auf der Bühne: Indianer und Kavallerie 23

Erstes Aufflackern der Verteilungsfrage 25

Die Bonus-Szenerie 29

Remedur: Kurzarbeit, Transfers und Garantien 30

»Die neue Venus« – Tanz außer der Reihe 32

Schockwellen überfluten das Land … 33

… und dann rollt der HRE-Tsunami 34

Teufelsworte: Staatliche Beteiligung, Enteignung! 36

Krisenmanager im Hintergrund … 38

… und Abzocker im Vordergrund 39

Die große und die kleine Politik 41

Sprachkünstler und Schlauberger allüberall 44

Mit Bildern Stimmung machen und mit Prognosen 47

Manager im Spiegel der Kritik 49

Und die Ehre – wo ist sie geblieben? 53

Internationale Initiativen: starke Institutionen, mehr Geld 56

New Deal und »Green New Deal« 57

Kontrollverlust, Ratingagenturen und Latexhandschuhe 62

Ein spektakuläres Krisenexempel: die HSH Nordbank 67

Ein Montag in Deutschland – ein Dienstag in Amerika 70

Zurück in Deutschland – mit einem Blick auf Japan 73

Zeiten der Krise – Zeit zur Besinnung? 76

Weltweit im Fokus: USA und China 79

Verschärfte Debatte um Gerechtigkeit 80

Von Bankiers zu Bankern: ein Kulturbruch 84

Exkurs: Wie werd ich Millionär? 85

Viel heiße Luft um Bonuszahlungen 87

»Senk ju vor träwelling wiss Deutsche Bahn« 88

Ein Minister und die eigene Regierung 89

Erneut im Blick: die Verstaatlichung 91

Osterspaziergang 2009 92

Verwerfungen im »Wilden Osten« 93

Krisenmeldungen etwas anderer Art 96

»I never promised you a rosegarden« 98

»Wir ersaufen im Geld« – wirklich? 100

Von guten Absichten und tatsächlichem Verhalten 102

»Wer soll das bezahlen, wer hat das bestellt?« 104

»Et hätt noch immer jut jejange« 106

Finanzkrise und Automobilkrise 111

Der Fall Opel: eine Chronologie 114

Das Versagen der Bankenaufsicht 117

Die Rathauszocker 123

»Wer zählt die Opfer, kennt die Namen« 126

HRE und kein Ende – bei den Boni kein echter Neuanfang 128

Wirtschaftsgenesung angekündigt – dann aber Loch an Loch 132

Suche nach Schuldigen 134

Drei Forderungen an die USA 136

Doch was ist mit Deutschland – und was mit Japan? 137

Re-Regulierung der Wirtschaft – aber wie? 140

Geldmaschine abstellen, Aktienrecht umstellen! 142

Geld soll dienen, nicht herrschen! 146

Staat und Markt – eine neue Balance muss her! 148

ANHANG

**Finance ist kein Selbstzweck! Acht Thesen
zum Neustart nach der Krise von Bernhard Emunds** 153

Die Philippika des Präsidenten. Auszüge aus
der »Berliner Rede« von Bundespräsident Horst Köhler 155

Das Alphabet der Krise von Hans Magnus Enzensberger 157

Danksagung 160

Vorwort

Paralyse der Politik! Krise der Politik? »Krise« ist ein Substantiv (ein anderes ist »Kritik«) zum griechischen Verb *krinein*, was so viel wie trennen oder (unter-)scheiden bedeutet. Im Duden steht Krise für »(Ent-)Scheidung« und »entscheidende Wendung« und beschreibt eine schwierige Situation, den Höhe- und Wendepunkt einer gefährlichen Entwicklung. Typische Merkmale von Krisen sind die Notwendigkeit von Handlungsentscheidungen, eine von den Entscheidungsträgern wahrgenommene Bedrohung, ein Anstieg an Unsicherheit, Dringlichkeit und Zeitdruck – und die Erwartung, das Ergebnis sei von prägendem Einfluss auf die Zukunft. Krisen bestehen in aller Regel aus einer Ansammlung schwieriger Situationen, die vorhersehbar und geplant sind oder aber völlig unerwartet eintreten. Aus einer speziellen Krise kann eine andere, eine allgemeine Krise entstehen.

In diesem Buch geht es um die Finanzkrise, die zu einer Wirtschaftskrise mutierte. Sie nahm ihren Anfang mit dem Zusammenbruch einer privaten Bank und wurde zu einem öffentlichen Geschehen, das sich weltweit ausbreitete, historisch ungeahnte Dimensionen annahm und fast alle Erdenbewohner erfasste – die einen mehr, die anderen weniger – und sich noch immer zu einer großen Sozialkrise ausweiten kann. Im Krisenverlauf entstanden Szenen höchst unterschiedlicher Art, solche die kommuniziert wurden, die man sah und hörte, und solche, die sich öffentlich abspielten, aber unerhört waren.

Mein Buch ist kein Tagebuch, auch keine Chronologie der Ereignisse. Es zeichnet vielmehr charakteristische und zugleich markante Szenen dessen, was geschah, und dessen, was zu lernen ansteht für die Akteure auf der lokalen, der nationalen und der internationalen Ebene. Profilierte Bestandsaufnahmen einer Krise und pointierte politische Kritik, das ist der »rote Faden«, der die Szenen miteinander verbindet und so erkennbar macht, was zu scheiden ist und was entschieden werden muss.

Auch die Politik ist in der Krise. Zur entscheidenden Wendung bedarf es der Re-Regulierung und der besseren Regulierung des Finanzwesens und der Wirtschaft. Wenn wir keine Lehren und Konsequenzen aus der Krise ziehen, dann ist die Chance vertan.

H.S., im Dezember 2009

»The party is over …«

Am 15. September 2008 meldet die amerikanische Investmentbank Lehman Brothers in New York Insolvenz an. Binnen weniger Tage sind nur noch 170 Mitarbeiter für die Bank tätig, 28.988
Mitarbeitern hatte der Insolvenzverwalter fristlos gekündigt. Das
war der vorläufige Höhepunkt einer Entwicklung, die auf dem
US-amerikanischen Geldmarkt ihren Anfang nahm und nach
und nach die Welt in Angst und Schrecken versetzte – vor einer
Rezession und vor dem Niedergang ganzer Ökonomien. Vielen
stand plötzlich der »Schwarze Freitag« von 1929 vor Augen, der
die erste Weltwirtschaftskrise ausgelöst hatte.

Seit dem Herbst 2006 hatte sich der amerikanische Immobilienmarkt bereits im Sinkflug befunden. Dennoch besicher-
ten Fonds und Anlageberater nach wie vor Kredite mit Immobilien, die, wie sich später ergab, kaum das Papier wert waren,
auf dem sie gedruckt wurden. Im Juni 2007 schlugen dann die
Glocken Alarm: zwei Hedgefonds der New Yorker Investmentbank Bear Stearns kamen ins Trudeln, weil sie sich in großem
Umfang in Papieren engagiert hatten, die durch Immobilien
scheinbar krisenfest gesichert waren. Ein folgenschwerer Irrtum,
wie sich bald herausstellte.

Noch am 12. September 2008 aber erklärt der Chef der Deutschen Bank, Josef Ackermann, der Spuk »Finanzkrise« sei erfreu-
licherweise bald vorbei: »Wir sehen eine Stabilisierung, wir sehen
den Beginn des Endes, das bestätigt sich immer mehr.« Vielleicht hätte sich dieser Zukunftsseher eine neue Brille zulegen
sollen. Es war nicht der Beginn des Endes, es ging erst richtig los.

Am 29. September geht der Münchner Immobilienfinanzie-
rer Hypo Real Estate (HRE-Bank) in die Knie. Die Bank, trotz ihrer Größe in Deutschland kaum öffentlich bekannt, ist zahlungs-
unfähig. Regierung und Banken stellen Pläne auf, um schnell

helfen zu können, sollte es zu einem totalen Zusammenbruch kommen, weil dessen Folgen für die deutsche Wirtschaft unüberschaubar erscheinen. Es handelt sich, wie fein definiert wird, um eine »systemrelevante« Bank.

Hier liegt auch schon ein Grund für das schnelle Vergessen der entstandenen Angst: was systemrelevant ist, ist durch Machteliten definiert, wird geschützt und strukturbewahrend gerettet. Dass in dieser Bank – und nicht nur in dieser – Fehler am laufenden Band gemacht worden waren, dass Mindestvorschriften locker übergangen wurden, alles vergeben und vergessen: Es handelt sich ja um eine systemrelevante Bank.

Knapp ein Jahr nach diesem Knall werben Anlagefonds in Funk und Fernsehen wieder als habe es nie auch nur den Ansatz einer Krise oder des Fehlverhaltens gegeben. Verdrängt die Befürchtung, es könne in kurzer Zeit wieder eine »Blase« entstehen, deren Platzen die Weltwirtschaft in Gefahr brächte. Vergessen die Angst vor den Folgen der wegbrechenden Exporte. War da was? Amnesie überall.

Zunächst glaubt der Bund, dass eine Bürgschaft reichen sollte und stellt die schwindelerregende Summe von 26,5 Milliarden Euro zur Verfügung; die privaten Banken steuern 4,5 Milliarden bei. Doch wenige Tage später, am 5. Oktober 2008, benötigt die HRE-Bank noch einmal 15 Milliarden Euro. Die privaten Banken ziehen daraufhin ihre Zusagen zur Mitfinanzierung zurück, das Ganze wird ihnen zu brenzlig. Die Kanzlerin sieht sich zu der durch nichts gesicherten Aussage verleitet, alle Spareinlagen in Deutschland seien sicher. Sie verspricht, der Staat werde dafür bis zu 568 Milliarden Euro an Garantien übernehmen.

Was dann aber folgt, ist ein starkes Stück: die deutsche Wirtschaft begibt sich auf Talfahrt, das Bruttoinlandsprodukt schrumpft, die industrielle Fertigung nimmt um mehr als 20 % ab – und wird dann zu einem wahren Tollhaus: Die Kanzlerin muss zusammen mit dem Finanzminister die angeschlagenen Banken bitten, die bereitgestellten Gelder auch anzunehmen. Offenbar fürchten sie den staatlichen Kontrollblick mehr als der Teufel das Weihwasser. Bloß nicht zugeben, eventuell auch betroffen zu sein.

Der Wirtschaft geht allmählich die Puste aus, weil die Banken sich selbst nicht mehr vertrauen und ihre Geldausleihen in äußerst engem Rahmen halten. Man hätte glauben wollen, dass die staatlichen Finanzhilfen und Kreditgarantien dankbar angenommen würden, weil auf diese Weise ja wieder Bewegung in den Wirtschaftskreislauf käme und die Banken sich wieder auf ihr eigentliches Geschäft konzentrieren könnten, statt national und international zu zocken. Doch nichts dergleichen – das Vertrauen untereinander war dahin. Nicht allerdings das Vertrauen in alte Verhaltensmuster: aus Geld und mit Geld mehr Geld zu machen.

Zunächst bleibt aber alles noch relativ ruhig. Hedgefonds haben in Deutschland nicht die Bedeutung wie in den USA und in England. Und zum Zeitpunkt des Knalls wussten die meisten Deutschen wohl noch gar nicht, was ein Hedgefonds ist. Man darf also durchaus annehmen, dass die Deutschen angesichts der hereinkommenden finanziellen und wirtschaftlichen Schreckensmeldungen deshalb zunächst so cool blieben, weil sie nicht einschätzen konnten, was da genau passierte, wo und durch wen verursacht.

Katerstimmung

Langsam aber schälte sich heraus, dass die Banken eine spezielle Lösungsstrategie verfolgten. Sie setzten auf das Konzept der *Bad Bank* – ein englisches Wort, für das es in der deutschen Sprache kein Pendant gibt und vor dem sich eigentlich auch jeder verantwortungsvolle Banker schütteln müsste. Eine staatliche Bank (oder mehrere solcher Banken) sollen den privaten Banken ihre wertlos gewordenen Papiere abnehmen, für die es dann bald ein ebenfalls befremdliches, aber plastisches Wort gab: *toxische Papiere*.

Zu welchem Preis und zu welchen Konditionen, war indes schwer zu beziffern, weil das Wesen solcher Papiere ja gerade darin besteht, dass sie nicht das sind, was draufsteht. Der rasante Absturz in die finanzwirtschaftliche Bedeutungslosigkeit beweist, dass diese Papiere, anders als die Bankenvorstände, noch bis eben glaubhaft zu machen versuchten, eigentlich keinen Wert mehr haben.

Dennoch gibt es schnell Schätzungen über das Volumen der in Deutschland gelagerten toxischen Papiere (von Zynikern gar als »Massenvernichtungswaffen« betitelt): 200 bis 300 Milliarden Euro. Der Bundesfinanzminister ist angesichts solcher Zahlen auf den Zinnen und fordert die privaten Banken auf, sich selbst zu rekapitalisieren. Die meisten Bürger verstehen nun nur noch Bahnhof und beten insgeheim, dass alles gut ausgehen möge.

Dass sich wirklich alle Banker, so wie Herr A. sagte, schämten, Geld vom Staat anzunehmen, wäre eine kaum mit der Realität übereinstimmende Vermutung. Vieles spricht vielmehr dafür, dass das bereitgestellte Geld nicht abfließt, weil die mit einer Antragstellung verbundene externe Kontrolle nicht wenige Banken abschreckt.

Doch schnell schnürt die Regierung nach einem ersten ein zweites Konjunkturpaket, wodurch Investitionen und Steuersenkungen in Höhe von insgesamt 85 Milliarden Euro in Umlauf gebracht werden sollen – Überraschungen nicht ausgeschlossen: Kindergeldbezieher erhalten einen Steuerbonus über 100 Euro (!) pro Kind; eine Abwrackprämie für gebrauchte Autos über 5 Milliarden Euro wird gesetzlich formuliert und ein Bürgschaftsrahmen in Höhe von 100 Milliarden Euro für in Not geratene Firmen auf den Weg gebracht.

Doch die schlechten Nachrichten halten an. Die Postbank meldet für 2008 einen Verlust von 82 Millionen Euro, eine Zahl, die ihre Kunden zum Weinen bringt, den Vorstand aber zur Gewährung von Sonderboni auf Gegenseitigkeit beflügelt: 11,5 Millionen Euro genehmigen sich die trefflichen Postler. Und selbst Georg Funke, der wegen erwiesener Unfähigkeit geschasste Chef der HRE-Bank klagt auf Gehaltsnachzahlung in Höhe von exakt 151.172 Euro. Das ist in den Augen der meisten Beobachter zwar eine Geschmacklosigkeit erster Klasse, doch mehr Sorgen bereitet vielen inzwischen das gigantische Defizit in Handelsbilanz und Staatsbudget der USA.

Unordentliche
amerikanische Verhältnisse ...

Der lange schon nagende Zweifel an der Fähigkeit der Bush-Regierung, mit öffentlichen Geldern ordentlich umzugehen, war hierzulande eher eine intellektuelle Spielerei geblieben, weil die vielen Nullen, mit denen man Billionen schreibt, ja scheinbar nur die Amerikaner betrafen. Dabei hätte die Beschäftigung mit den US-Zahlen und ihren Folgen für die Weltwirtschaft durchaus eine spannende Angelegenheit sein können.

Von Oktober auf November 2008 steigt das amerikanische Handelsbilanzdefizit um 7,7 % und erreicht mit 60,3 Milliarden Dollar (neun Nullen!) den Höchststand aller Zeiten. Im September 2008 wird das Defizit für das abgelaufene Haushaltsjahr mit 454,8 Milliarden Dollar angegeben. Hohe Ölimporte, steigende Ausgaben für den amerikanischen Militäreinsatz in den Kriegsgebieten Irak und Afghanistan, vor allem aber die geringe Wettbewerbsfähigkeit der amerikanischen Wirtschaft gelten als Hauptursachen – neben einer niedrigen Sparquote, für die sich Deutsche schämen würden.

Die US-Amerikaner lebten lange Zeit zufrieden und fröhlich mit ihren Kreditkarten, ihren Schulden und der Hoffnung auf den Erfolg des nächsten Tages. Kreditkarten sind allerdings nur solange ein Garant für schöne Shopping-Touren, wie man davon ausgehen kann, dass die damit aufgebauten Schulden auch zurückgezahlt werden. Ende April 2008 sieht das Bild dann aber schon sehr getrübt aus: American Express, größter Kartenanbieter, teilt mit, dass die Ausfallrate im März auf 8,8 % gestiegen sei. Nach dem Platzen der Immobilienblase kommen jetzt die Risiken im Kreditkartensektor auf die Liste der schwelenden Ängste.

Rund 55 % des globalen Zahlungsverkehrs werden über bargeldlose Zahlungen abgewickelt. Lange Zeit lief das alles mehr oder weniger problemfrei, doch nun bleiben die Anbieter von VISA, Mastercard und unzähligen anderen Karten auf riesigen Schuldenbergen sitzen. Ein weiteres Debakel droht mit den platzenden Kreditkarten-Geschäften. Banken, die in diesem Geschäftsbereich besonders engagiert sind, melden sprunghaft sich verschlechternde Zahlen. Einem Gewinn von 1,5 Milliarden

Dollar im Vorjahr steht im laufenden Jahr ein Verlust von rund 10 Milliarden gegenüber – wobei das besondere Risiko, wie sollte es anders sein, bei den Rückzahlungsmöglichkeiten der einkommensschwachen Kunden vermutet wird.

So, wie die Banken fast jedem, der kam, eine Hypothek einräumten, so warfen sie den Kunden auch ihre Kreditkarten hinterher. Doch dann tappten sie in die Liquiditätsfalle: immer mehr zahlungsunfähige Kunden besorgen sich neue Karten, nur um die Ratenzahlungen der alten begleichen zu können. Am Ende beläuft sich der Schuldenberg in den USA auf mehr als 950 Milliarden Dollar, die ähnlich wie bei den Hypotheken an der Wall Street gebündelt und als glänzend beleumundete Wertpapiere in der ganzen Welt verkauft worden waren. Bei solchen Geschäften verlieren Amerikaner nicht nur Geld, sondern auch ihre Altersversorgung – und oft auch das Geld, das sie brauchen, um ihren Kindern eine gute Ausbildung zu ermöglichen.

In Deutschland hat man das rosige Bild amerikanischer Eliteuniversitäten vor Augen, mit fantastischen Angeboten an Körper, Geist und Seele der Studenten; mit Professoren, die sich alle Mühe der Welt geben, um ihnen zu helfen; mit einer Ausstattung, nach der sich Wissenschaftler bei uns die Finger lecken würden. Man vergisst dabei aber allzu oft, dass dies keine öffentlichen, sondern private Einrichtungen sind, für die Studenten und ihre Eltern teuer bezahlen müssen. Der Verlust angesparter Ausbildungsgelder bedeutet in den USA daher nicht nur einen Verlust an privaten Einkommen, sondern auch eine massive Beeinträchtigung der ehemals vorzüglichen Ausstattung der Bildungseinrichtungen. Die eleganten Eliteuniversitäten stöhnen denn auch bald unter riesigen Verlusten, die den Betrieb noch lange behindern werden.

Aus dem vermeintlich nur amerikanischen Problem mit den Kreditkarten wurde bald ein globales, weil Kreditkarten nicht an nationalen Grenzen ungültig werden. In Europa werden Kreditkarten vor allem als Zahlungsmittel eingesetzt, die zeitversetzt vom Konto abgebucht werden. Die Amerikaner dagegen verschulden sich vor allem für Konsumentenkredite, und Kleinunternehmer nutzen diese Möglichkeit, um Investitionen abzustottern. Da Kreditkartenschulden nicht durch Vermögen abgesichert sind, kann jeder Ausfall zum Totalausfall werden.

Während die amerikanischen Banken auf die Kreditbremse treten und Kreditkarten nur noch restriktiv vergeben, bemüht sich die US-Regierung mit milliardenschweren Konjunkturprogrammen die Vergabe von Konsumentenkrediten zu stimulieren – eine von vielen Widersprüchlichkeit dieser Tage. Doch die amerikanische Wirtschaft, die ganz wesentlich von der Binnennachfrage lebt, kann sich Stillstand nicht leisten. Ob sich widersprechende Informationen und Appelle aber zu einem vernünftigen Konsumverhalten führen, bleibt fraglich.

Angesichts dieser verwirrenden Entwicklungen gestand die Präsidentin der US-Notenbank (Federal Reserve), Janet Yellen, im Sommer des Jahres ein: »Die US-Wirtschaft scheint in einer Rezession zu sein«. Dabei hatte die amerikanische Regierung gerade erst ein Rettungspaket in Höhe von 700 Milliarden Dollar geschnürt, allein 250 Milliarden davon für die Banken. Diese Spritze schien schnelle Linderung zu versprechen. Umso größer die Überraschung, als dann das Rettungspaket im Kongress aufgrund der parteilichen Gegensätze zunächst scheitert und erst in einem zweiten Anlauf – und nach erheblichem Einsatz seitens des neuen Präsidenten – auf den Weg gebracht werden kann.

… und verkehrte deutsche Verhältnisse

In Deutschland bewirkt das Scheitern alter und renommierter Unternehmen wie Schiesser, Märklin, Rosenthal und Hutschenreuther mehr öffentliche Diskussion als der Zusammenbruch zahlreicher Banken in den USA. Die Verhandlungen des Bundesfinanzministeriums mit dem amerikanischen Großaktionär J. Christopher Flowers um die Übernahme der HRE-Bank verlaufen nicht problemfrei, beunruhigen aber noch keinen so richtig. Da sind die Meldungen über die Lage von Daimler, BMW und Opel von ganz anderem Kaliber. Es geht den Deutschen schließlich an die Seele, dass »unsere« Premium-Autos nicht mehr gefragt sind und dass die Unternehmen mit Umsatzeinbrüchen von vielfach mehr als 30 % fertig werden müssen. Autos, um die es früher Warteschlangen gab, stehen nun plötzlich auf

Halde. Der Export bricht weg, in den Häfen bleiben viele Schiffe vertäut am Kai und Container-Flächen leer.

Die Bundesregierung muss mit ansehen, wie ihre milliardenschweren Konjunkturprogramme nicht die Stabilisierungswirkung haben, die man sich erwartet hatte. Und der Verdacht liegt nahe, dass Schuld daran auch Politiker aus der ersten Reihe haben könnten, die öffentlich über weitere konjunkturelle Maßnahmen schwadronieren. Es ist offenbar schwer zu verstehen, dass Konjunkturprogramme nur dann erfolgreich sind, wenn die öffentliche Debatte darüber nicht das Gegenteil nahelegt.

Inzwischen wird die Liste der bedrohten Branchen immer länger. Autos sind nur noch an den Mann zu bringen, wenn Staat (durch Abwrackprämie) und Unternehmen (durch kräftige Zuschüsse) den Kauf massiv erleichtern. In der Stahlbranche stehen mehr als 7.000 Jobs auf der Kippe und das Rheinisch-Westfälische Institut für Wirtschaftsforschung (RWI) rechnet vor, dass die Kapazitätsauslastung auf 60 % fallen wird. Nach Angaben der Wirtschaftsvereinigung Stahl waren im März 2009 bereits 40.000 der 94.000 Beschäftigten in Kurzarbeit. Und ein Ende der Zitterpartie ist nicht abzusehen. Daimler sieht sich mit schweren Einbußen konfrontiert, um Opel wird Schach gespielt – Räuberschach.

Und natürlich werden auch alte Rechnungen beglichen. Die Auseinandersetzung um den angeblich richtigen Weg wird von der Gruppe Schaeffler bei der geplanten Übernahme des Reifenherstellers Continental mit einer solchen Inbrunst ausgefochten, wie man sie sonst nur aus Shakespeare-Dramen kennt. Eine Frau, schön, elegant, interessiert an Kunst und Kultur, wirtschaftlich kenntnisreich und finanziell unvorstellbar reich, wagt es, den Ratschlägen der Männer, die unerwünscht und unerbeten ins Haus geliefert werden, nicht zu folgen. Am Ende stellt sich heraus, dass die ganze Operation viel Geld verschlungen hat, das nun zur Finanzierung einer sich andeutenden langen Durststrecke dringend nötig wäre. Und es wird sich herausstellen, dass manche Herren Ratgeber doch Recht hatten, weil ein öffentlich ausgetragener Streit darüber, ob Aktienanteile an Dritte weitergegeben werden sollen, mögliche Interessenten abschreckt.

Wenn es nicht um zahlreiche Arbeitsplätze ginge, die nun gefährdet sind, könnte man es sich mit Bier und Kartoffelchips vor dem Fernseher gemütlich machen und auf Fortsetzungen warten. Zu Schadenfreude besteht aber kein Anlass. Jeder sechste der insgesamt 28.000 Arbeitsplätze der Schaeffler-Gruppe ist bedroht. Um über die nächsten Runden zu kommen, müssen 250 Millionen Euro eingespart werden – und das entspricht in etwa 4.500 Stellen. Zwar soll kein Standort geschlossen werden, aber auch so schmeckt die Medizin bitter, weil sie von den Arbeitnehmern ausgelöffelt werden muss – und die waren ja nicht die Erfinder und Akteure des vorangegangenen Ränkespiels.

Die Schuldenlast, die sich Schaeffler durch die Übernahme an den Hals gebunden hat, beläuft sich auf geschätzte 10 Milliarden Euro. Bei solchen Größenordnungen kommen selbst die ins Grübeln, die sonst den Wirtschaftsteil der Tageszeitung überblättern, um sich der Sportseite zuzuwenden. Wer um Himmels willen gibt einem Unternehmen diese stolze Summe als Kredit, ohne ganz sicher zu sein, so sicher jedenfalls, wie man nach sorgfältiger Prüfung sein kann, dass mit dem Geld nur Vernünftiges passiert. Die Geschäftsleitung beharrt auf ihrer Interpretation der Situation, Umsatzeinbußen in Höhe von 15 % seien das eigentliche Übel.

Auch der Kampf von Ferdinand Piech und Wendelin Wiedeking um die Zukunft von VW und Porsche kann beim Zuschauer das Blut in Wallung bringen. Der alte Fuchs Piech, ein Meister im Warten auf den richtigen Zeitpunkt, ein Formulierungskünstler mit einer Sprache, die von allen verstanden wird und dem Opfer wenig Möglichkeiten zur Gesichtswahrung lässt. Da wird nichts ausgelassen; jede Kränkung in der Vergangenheit wird mit einer Gegenkränkung beantwortet. Es geht um Sein oder Nichtsein – und da kann kein Pardon gegeben werden. Eine Zeitlang hat Wiedeking noch Piechs Vertrauen, ein Wort, das zu einem geeigneten Moment aber auch zurückgenommen werden kann. Die mehr als 9 Milliarden Euro Schulden, die Porsche nun irgendwie begleichen muss, machen für Wiedeking aus dem Chefsessel einen Schleudersitz.

Auch andere Schlagzeilen im Wirtschaftsteil der Tageszeitungen sind nicht dazu angetan, gute Laune zu verbreiten, im Gegenteil. So liest man in der Süddeutschen Zeitung vom 17. April 2009 unter anderem folgendes: Chinas Wirtschaft lahmt; Hoffnungsmarkt für die deutsche Wirtschaft geht auf dem Zahnfleisch; Flugzeug-Industrie fordert Hilfen vom Staat; Schlechte Karten (Bericht über die Kreditkartenpleite); US-Immobilienpleite belastet Commerzbank. Und das ist noch nicht alles, nirgendwo ein freundlicher Schimmer. Die wirtschaftswissenschaftlichen Institute mahnen und ermahnen: die Krise werde länger dauern und tiefe Verwerfungen hinterlassen.

Was den Leser aber wundern dürfte, ist die Tatsache, dass diese Nachrichten je nach Sachverstand der zuständigen Redakteure mal so, mal anders bewertet werden und eher Ratlosigkeit auslösen denn zu besserer Information animieren.

Erste Aufmunterung der Stimmungslage

Deutsche Zeitungskommentatoren bemühen sich aber auch um das Positive. So als fehle nur ihre Stimme in der Wüste, den Boden aufzubrechen und Blumen sprießen zu lassen. Man spricht von der Chance eines Neubeginns und beschwört die Tugend des Verzichts auf mehr Lohn und mehr Freizeit. Den inzwischen untergegangenen Klein- und Mittelbetrieben muss die Tugend des Verzichts allerdings wie Hohn in den Ohren klingen, um so lauter, je größer die Schere zwischen den kleinen und den großen Einkommen wird. Und der zunehmenden Zahl derer, die um ihren Arbeitsplatz bangen, wird der Hinweis auf ihre tugendhafte Zurückhaltung bei Lohnforderungen eher den Zorn auf die Stirn treiben.

Die Kanzlerin sieht einen ersten Silberstreif. Im Sommer werde die deutsche Wirtschaft die Talsohle durchschritten haben. Wie und wo sie den Mut hernimmt, angesichts der von ihrer Regierung nach unten korrigierten Konjunkturdaten auf ein Hoch zu setzen, wird nicht abgefragt. Sie hätte es wohl auch nicht beantworten können, denn die Mehrheit der Analytiker geht davon aus, dass sich die Situation weiter verschärfen wird. Die dem Konjunkturverlauf nachhinkende Entwicklung des Arbeitsmarktes verspricht jedenfalls nichts Gutes. Und dass die Deutschen laut einer OECD-Untersuchung im Vergleich der Industriestaaten mit rapide abnehmenden Nettolöhnen fertig werden müssen, hebt die Stimmung auch nicht unbedingt.

Vielleicht hat die Kanzlerin sich auch nur über Staatspräsident Nicolas Sarkozy geärgert, der im französischen Parlament die Sau raus und die Menschheit wissen ließ, dass keiner ihm das Wasser reichen könne. Präsident Barack Obama gesteht er immerhin eine gewisse Klugheit zu, aber da der amerikanische Kollege noch nie in seinem Leben ein Ministerium geführt habe, gäbe es halt Dinge, zu denen er keine Meinung habe. Der spanische Ministerpräsident sei nicht besonders intelligent, sagt er. Und unsere Kanzlerin bekommt auch eine kalte Dusche verpasst: »Als ihr klar wurde, in welchem Zustand ihre Banken und Industrie sind, blieb ihr nichts anderes übrig, als auf meine Linie umzuschwenken«. Man fühlt sich zu der Annahme eingeladen, G20-Gipfel würden vor allem dazu abgehalten, eitlen kleinen Männern mit Minderwertigkeitskomplexen der besonderen Art eine Bühne zu bieten.

Doch inzwischen muss es auch der Kanzlerin dämmern, dass sie daneben lag mit ihrer Einschätzung der aktuellen Lage und dass Wunschdenken noch keine Tatsachen schafft. Vor einem öffentlichen Aufschrei bewahrt sie aber der Umstand, dass es in diesen Tagen auch noch andere Dinge gibt, welche die Menschen bewegen.

Auf der Bühne nebenan: Sport und Moral

Mehr als das Schicksal amerikanischer, isländischer und englischer Banken interessiert die Kieler zum Beispiel, wer deutscher Meister im Hallenhandball wird und ob wirklich Geld geflossen ist, um dem THW Kiel einen internationalen Sieg zu sichern.

Die »Zebras« werden wieder mal Deutscher Meister. Dabei waren die letzten Monate keineswegs rosig. Der THW, der Kieler liebstes Kind, stürzt in einen Strudel aus halbgaren Vorwürfen von Bereicherung und Veruntreuung bis hin zu handfesten Vorwürfen über Schmiergeldzahlungen an Schiedsrichter. Ehemaliger Trainer gegen ehemaligen Geschäftsführer; Ehefrauen gegen die Geschäftsleitung; Spieler für den alten Trainer; Spieler für den neuen Trainer. Die Kieler, sonst durch kaum etwas aus der Ruhe zu bringen, kommen ins Trudeln, wissen nicht, was sie glauben sollen und vergessen darüber sogar zeitweise das Debakel mit der HSH Nordbank, die aufziehende Werftenkrise und die drohenden Massenentlassungen. Wenn der THW Magengrimmen hat, dann leiden die zahllosen Fans gar jämmerlich – ein Drama fast griechischen Ausmaßes.

Das Management schweigt zu den Vorwürfen, angeblich auf Anraten der Anwälte. Am Ende stehen alle reichlich bedröppelt da, keiner will es gewesen sein, man habe das nur als kleinen Spaß bei einer feuchtfröhlichen Siegesfeier verstanden. Eines aber wird klar: Hätten die Handballer des THW sich so dilettantisch verhalten wie das Management der HSH Nordbank bei der Krisenbewältigung, wäre der THW für die nächsten zehn Jahre sportlich weg vom Siegerpodest.

Wenn der Alltag grau in grau erscheint, liegt für viele Deutsche Trost beim Fußball. Doch da ist in diesen Tagen auch kein Trost zu finden. Jürgen Klinsmann, der Guru des transzendentalen Fußballs, muss gehen, mit ihm seine aus Amerika mitgebrachten Assistenten. Aus der Traum vom bewusstseinserweiternden Fußball. Aus der Traum vom Höhenflug der ewigen Meisterschaft für den FC Bayern.

Aber auch anderswo findet sich kein rechter Trost. Keine Meisterschaft, die das Gemüt beruhigen könnte, keine Oscar-Nominierung, keine Filmauszeichnung.

Gewitterlagen andernorts

Gewitterlagen gibt es in diesen Tagen allerdings en masse. Bordeigene israelische Sicherheitskräfte schlagen einen Angriff von Piraten auf das italienische Kreuzfahrtschiff »MSC Melody« zurück. Das Abschneiden der Oppositionspolitikerin Helen Zille in Südafrika verhindert eine Zweidrittelmehrheit des ANC. Wahlsieg für die Links-Koalition im krisengeschüttelten Island. Die Isländer haben sich, nachdem sie aus ihrer Schockstarre aufgewacht waren, mit heiligem Zorn von ihrer bisherigen Regierung befreit, der sie die ganze Schuld am Bankrott ihres ehemals so reichlich spendierfreudigen Staates anlasten. Ein Neuanfang scheint nur mit neuen Gesichtern möglich – und mit Hilfe europäischer Finanzmittel, vielleicht gar des Euro.

Die Regierung des kleinen Islands hatte mit einer abenteuerlichen, von Hochmut gezeichneten Geld- und Finanzpolitik hoch gepokert. Jeder, der das Zeug zum Hasardeur hatte, war willkommen. Jeder konnte sein Geld anlegen, auch wenn nichts an realen Werten dahinter stand, so, als handele es sich um Geld aus dem Puppenladen. Jeder konnte machen, was er wollte. Und alle machten mit, der Premier ebenso wie der Finanzminister und der Zentralbankgouverneur. Es entstand ein Missverhältnis zwischen Geldvolumen und Wirtschaftsleistung von historisch einmaliger Größenordnung. Als dann die Blase platzte, wurden die Isländer rüde aus dem schönen Traum gerissen, sie seien das reichste und finanzwirtschaftlich begabteste Volk der Welt. Immerhin: Sie haben eine Chance der Krise genutzt – eine neue Regierung mit einer Frau an der Spitze.

Dagegen scheitert die Initiative »Pro Reli« in Berlin, die das Fach Religion als eigenständiges Unterrichtsfach wieder einführen wollte und dabei verlor, so, als wüssten die Menschen, dass ihnen Religion in der jetzigen Krisensituation auch nicht helfen kann.

Mitgliedern der sozialen Krankenkassen drohen Haushaltslöcher, die durch Zusatzbeiträge gestopft werden sollen. Auch das »Ungeheuer von Loch Ness«, das wie nahezu jedes Jahr auf unumgänglich werdende Kürzungen der Renten hinweist, sorgt für Unruhe. Es dauert aber nur einen Tag, dann hat die Politik, die eine Diskussion um Rentenkürzungen gewaltig fürchtet, wieder Gegenstrategien aufgebaut.

Einige Kommentatoren fühlen sich an Norbert Blüm erinnert: »Die Renten sind sicher.« Die Wahrheit wird man erst in einigen Jahren erfahren. Bis dahin kann man nur hoffen, dass die Annahmen, die die Regierung ihren Berechnungen zu Grunde gelegt hat, auch eintreten. Und mancher wird beten, dass die Spätfolgen der Finanzkrise nicht die Finanzierung deutscher Versicherungen und Sozialversicherungen durcheinander bringen. Auch deutsche Kranken-, Lebens- und Rentenversicherungen müssen ihr Geld ja irgendwo anlegen, um angemessene Renditen zu erwirtschaften. Die meisten Kommentatoren sind sich einig, dass die Regierung bei der Garantie der Rentenhöhe einen Systembruch in Kauf nimmt, um den Frieden mit den Rentnern sicherzustellen. Aber so richtig beunruhigt ist eigentlich keiner. Alle scheinen zu ahnen, dass eine mögliche Belastung der Rentenkassen in den Folgejahren wieder ausgeglichen werden müsste – und sei es durch Nullrunden. Ob die Rentner das wissen, bleibt allerdings abzuwarten.

Die Neuverschuldung des Bundes als direkte Auswirkung der Finanz- und Wirtschaftskrise steigt so hoch wie noch nie seit Gründung der Republik: auf einen zunächst nur vage benannten Betrag von 50 bis 90 Milliarden Euro für 2010. Danach folgen, folgt man den Prognosen, weitere Jahre mit exorbitant hohen Zunahmen der Verschuldung, weil die staatlichen Einnahmen vermutlich massiv einbrechen werden. Schon droht erneut eine Klage aus Brüssel, weil mit dieser Entwicklung die vereinbarte Obergrenze für Kreditaufnahmen von 3 % des Bruttoinlandsprodukts weit überschritten werden dürfte. Der kleine Witz über die Unzuverlässigkeit von Prognosen, die sich ja »notgedrungen mit der Zukunft beschäftigen müssen«, tröstet eigentlich auch nicht so recht, denn wenn Realität würde, was viele befürchten, dann wäre das gewiss kein Witz mehr.

Alle Politiker warten bänglich auf die neuen Zahlen der Steuerschätzer. Keiner weiß es genau, aber viele ahnen, was es bedeuten könnte, wenn hunderte von Milliarden an Steuereinnahmen gegenüber den Planungen ausbleiben. 316 Milliarden Euro können es für die nächsten drei Jahre sein, wenn man Bund, Länder und Kommunen zusammennimmt. So die Meldung des Tages. Mancher mag sich da mit dem Gedanken getröstet haben, dass die Steuerschätzer öfter schon mal falsch lagen. Das war aber meist auf der Minusseite – das Defizit fiel immer höher aus als geschätzt. Die derzeit gehandelten Schätzungen gehen von Mindereinnahmen des Staates von mehr als 10 % aus, wobei die Hauptlast beim Bund landen wird.

Obwohl die Kanzlerin nun schon häufiger das Tal der Tränen durchschritten sah, so als könne ihre Richtlinienkompetenz den Verlauf der Konjunktur bestimmen, will keine rechte Freude aufkommen, zumal ihr die Wirtschaftsinstitute sogleich widersprechen. Und neue Schreckensmeldungen verdunkeln das sowieso schon düstere Bild weiter: Der traditionsreichen Firma Woolworth geht die Puste aus; immerhin, das klingt noch amerikanisch. Bei weiteren Firmen stehen Insolvenzverfahren bevor oder sind eröffnet. Die Zahl der Firmenpleiten steigt, im ersten Quartal 2009 um 29 % gegenüber dem Vorjahr auf 4.487 Fälle. Pleiten von Privatpersonen nehmen nur wenig zu, doch Privatunternehmen sind besonders betroffen.

Aber nicht nur auf die Wirtschaftsinstitute ist kein Verlass mehr. Die CSU ist da ein noch größeres Kaliber. Von Natur aus auf Widerspruch und Krawall frisiert, nimmt der zähe Kampf gegen die Kanzlerin groteske Züge an: während sie keine konkreten Aussagen über mögliche Zumutungen machen will, malen die Zukunftsplaner in der CSU voller Trotz einen ersten Entwurf eines 100-Tage-Programms nach gewonnener Bundestagswahl. Natürlich wird es Steuersenkungen geben, natürlich werden die Renten erhöht, natürlich werden mehr Autos verkauft, natürlich gibt es keine Erbschafts- und Vermögenssteuer – und natürlich lebt man nicht auf dem Mond.

Neu auf der Bühne: Indianer und Kavallerie

Der Bundesfinanzminister verstärkt seinen Kampf gegen die Länder, die Steuerflüchtlingen helfen, ihr Geld am deutschen Fiskus vorbei auf ihre nationalen Banken zu lenken. In der Schweiz wird er so regelrecht zum Volksfeind, in Luxemburg darf er sich auch nicht mehr sehen lassen und in Burkina Faso versteht man die Welt nicht mehr. Warum der deutsche Minister ausgerechnet dieses afrikanische Armutsland als Musterbeispiel darstellt, in dem Steuerflüchtlingen ein angenehmes, staatszugriffsfreies Leben garantiert sei, weiß kein Mensch; die Reaktionen sind entsprechend eruptiv. Die Chefs der übrigen Länder giften zurück, nach dem Motto »Haltet den Dieb«, und fordern laut eine Entschuldigung.

Nach dieser Attacke, bei der viel von »wachsamer und streitbereiter Kavallerie« und »Indianern, die man schon Mores lehren werde« die Rede war und so manches historische Beispiel auf den Kopf gestellt wurde, gibt es nicht wenige, die glauben, dass, sollte der Herr Finanzminister in einem unbeobachteten

Moment im Dunkeln stolpern, dabei jemand aus den gescholtenen Ländern nachgeholfen haben könnte.

Wichtig aber ist, dass das Thema Steuerflucht endlich angepackt wird, auch wenn es viel Aufregung gibt, weil damit bestimmte Privilegien zu Ende gehen. Und weil es nicht angehen kann, dass die meisten Bürger brav ihre Steuern zahlen, während andere mit dem Koffer über die Grenzen fahren – und schwupp sind zig Milliarden verschwunden. Weniger gut ist der militärische Ton des Ministers, der vielen eine Steilvorlage liefert, nun erst einmal beleidigt zu sein, und der die Gruppe der ach so kleinen, ach so harmlosen »Steuersünderlein« weiter zusammenschweißt.

Vielen Menschen rast in Zeiten geballter schlechter Nachrichten gelegentlich das Herz. Nicht so einigen Berliner Politikern. Als seien zu erwartende zusätzliche Haushaltslöcher von mehreren hundert Milliarden Euro eigentlich *peanuts* und vielfältige, unterschiedliche Erfahrungen mit Konjunkturpolitik mitsamt der zugrunde liegenden Theorie nicht der Rede wert, einigten sich die Koalitionsfraktionen von CDU/CSU und SPD auf die Aufnahme einer »Schuldenbremse« ins Grundgesetz: Die drei staatlichen Ebenen Bund, Länder und Gemeinden sollen ihre Aufgaben zukünftig ohne weitere Schulden wahrnehmen. Zwar erst demnächst, aber nichtsdestoweniger tief greifend. Das ist schon in ruhigen Zeiten, mit normal funktionierender Wirtschaft ein ehrgeiziges Vorhaben. In Zeiten der Finanz- und Wirtschaftskrise, wie wir sie jetzt erleben, ist das Vorhaben aber blanker Unsinn. Ganz abgesehen davon, dass einige Bundesländer dagegen Sturm laufen, weil sie sich in ihrer parlamentarischen Gestaltungsfreiheit eingeengt fühlen. Und ganz abgesehen auch davon, dass andere Staaten genau das Gegenteil tun, indem sie mit staatlicher Kreditpolitik Nachfrageausfälle auszugleichen versuchen.

Gleichzeitig versprechen Kanzlerin, CSU, Teile der CDU und die FDP Steuersenkungen für ihre spezielle Wählerklientel, aber auch zur Wiederbelebung der Wirtschaft. Der Presse fehlt es ob dieser Unbekümmertheit an den rechten Worten. »Steinbrück geht das Geld aus« – so die KIELER NACHRICHTEN. Schon der Titel beweist den verengten Blick. Nicht dem Bundesfinanzminister geht das Geld aus: der Gesellschaft, den Konsumenten, der Wirtschaft ist das Geld ausgegangen. Und das wird auch nicht mehr, wenn man Steuern senkt, jedenfalls nicht auf kurze Sicht. Auf lange Sicht schon, wenn mit diesen Steuerbefreiungen strukturverändernde Maßnahmen in Gang gebracht und die richtigen Weichen für den ökologischen Umbau der Wirtschaft und die Bekämpfung des Klimawandels finanziert werden.

Es sieht so aus, als habe man sich doch noch nicht intensiv genug mit den Ursachen der Krise beschäftigt. Obwohl Deutschland seit langem eine der größten und stärksten Exportwirtschaften hat, beschäftigt sich die öffentliche Debatte nicht mit den internationalen Voraussetzungen für eine erfolgreiche politische Strategie, sondern konzentriert sich auf nationale Themen. Die Finanz- und Wirtschaftskrise wurde aber nicht durch den deutschen »Steuerbauch« ausgelöst, sondern durch abenteuerliche Vabanquespiele amerikanischer Banken, die keiner angemessenen Regulation oder wenigstens Kontrolle unterworfen waren und die den Keim des Untergangs in sich trugen – und mitnahmen in die weite Welt, die sie als ihr Zuhause betrachteten. Die fixe Idee, immer mehr, immer schneller, immer unkontrollierbarer zu sein, hat die Kreativität jener Akteure und Hasardeure hervorgerufen, die sich besser, schlauer und gewiefter als andere vorkamen. Und die sich dadurch bestätigt sahen, dass die Politik diesen Fehlglauben zu teilen schien.

Erstes Aufflackern der Verteilungsfrage

Mit einer umfangreichen Studie schreibt die OECD der deutschen Politik ins Stammbuch, dass nur wenige Staaten der Welt eine in ihrer Verteilungswirkung so ungerechte steuerliche Belastung der Bevölkerung zulassen. Einen beschämenden Platz nimmt Deutschland in dieser Art der Schlechtenliste ein, deshalb fehlt es an allen Ecken und Enden, um die Verteilungsfrage in Angriff zu nehmen. Wenn sich die Forderung nach Steuersenkung in der jetzigen Krisensituation durchsetzen sollte, dann wird sich die Lage der Bürger/innen verschärfen, die jetzt schon nicht mehr von ihrer Arbeit leben können und dringend auf (direkte wie indirekte) staatliche Transferleistungen angewiesen sind.

Das sind, wie alle Politiker wissen sollten, nicht wenige. In Deutschland erhält inzwischen jeder sechste Vollzeitbeschäftigte einen Niedriglohn, so das Statistische Bundesamt. Als entsprechender Schwellenwert gelten zwei Drittel des Mittelwertes aller Monatsverdienste, das entspricht knapp 1.800 Euro brutto monatlich. In den östlichen Bundesländern kommen die Beschäftigten im Schnitt nur auf 70 % des Westniveaus. In manchen Branchen ist die Verteilungsdrift noch größer. Über das Jahr gesehen gab es weitere Schlechterstellungen im Gaststättengewerbe, bei den Friseuren, im Gesundheitswesen und überall da, wo Menschen, die zu äußerster Sparsamkeit gezwungen sind, ihre ersten Sparbemühungen ansetzen.

Familien, die von einem derart niedrigen Einkommen leben müssen, sind auf staatliche Leistungen angewiesen. Niemand weiß das so gut wie die Kommunen, deren ureigenste politische Aufgabe die Versorgung der Bürger/innen mit Angeboten der Daseinsfürsorge ist und die in Krisenzeiten, bei sinkenden Einnahmen und drohenden Steuerausfällen durch weitere Steuersenkungen, nicht in der Lage sein werden, diese Aufgabe zu meistern. Ohne die ehrenamtliche Hilfe der Wohlfahrtsverbände, die zahlreichen Tafeln, die Spenden und die Sozialläden könnten die Kommunen diese Aufgabe schon heute nicht mehr erbringen – umso weniger, wenn es demnächst zu weiteren Steuersenkungen kommen sollte, weil CSU und FDP das so wollen.

Die deutsche Politik war immer stolz darauf, im Konsens Verteilungsfragen über Parteigrenzen hinweg anzugehen, äußerste Armut zu vermeiden und Chancen – wenn auch manchmal minimale – zu garantieren. Suppenküchen, das war Amerika. Kleiderspenden, das war Amerika. Analphabeten, mangelnde Krankenversicherung und mangelhafte medizinische Versorgung, das war Amerika, weit weg von »Good old Europe«. Das waren sozialpolitische Banausen, wohlfahrtsstaatliche Nichtskönner, das Gegenteil von uns, mit der segnenden Abstützung durch den rheinischen Kapitalismus, der geerbten staatlichen Zuwendung zur Linderung von Not und Armut. Etwa 70 % der Deutschen können sich heute vorstellen, ehernamtlich tätig zu werden, um Not zu lindern und insbesondere Kinder auf eine Chancenspur zu setzen.

Unter den Folgen der Krise leiden aber nicht nur öffentliche, sondern auch private Institutionen. Die Krise trifft die Stiftungen, deren Sponsoren Zuwendungen einstellen, die Kunst, die Wissenschaft und kirchliche Einrichtungen ebenso wie ehrenamtlich Tätige.

Eine Meldung, die am 2. September 2009 nur eine kleine Spalte in den Tageszeitungen einnahm, sollte eigentlich die Alarmglocken schrillen lassen: Nach einem Bericht der OECD leben viele Kinder in Deutschland und ihre Eltern an und unterhalb der Armutsgrenze. Steuersenkungen haben die Kassen der Kommunen leergefegt, so dass Einrichtungen zum Wohle der Kinder geschlossen werden mussten. Es waren vergleichende Untersuchungen von UNICEF, die vor vier Jahren schon auf dieses Phänomen aufmerksam machten, das die Politik aber geflissentlich übersah: die zunehmende Verarmung von Kindern und die Unfähigkeit der Politik, schnell und durchgreifend darauf zu reagieren.

Der nun vorliegende neue OECD-Bericht vergleicht die Lage von Kindern in mehr als 30 Mitgliedsstaaten im Hinblick auf Wohlbefinden und Chancengleichheit. Fast jedes sechste Kind in Deutschland leidet danach unter materieller Armut. Im OECD-Durchschnitt ist es jedes achte, im Nachbarland Dänemark nur jedes 36. Kind. Und die höchste Zuwachsrate an Kinderarmut wurde in Deutschland ermittelt.

Obwohl die sozialen Leistungen des Staates zur Stützung von Kindern relativ hoch sind, macht das angewendete Gießkannenprinzip manches wieder zunichte. Es sind vor allem Alleinerziehende, die in die Armut abrutschen: 40 % der deutschen Haushalte gegenüber 30 % im OECD-Durchschnitt. Der Mangel an Einrichtungen zur Kinderbetreuung, die ganztags und frei zur Verfügung stehen, verschärft das Problem, dem vor allem allein erziehende Frauen ausgesetzt sind. Immerhin: in Rheinland-Pfalz wurden die Gebühren für Kindergärten inzwischen aufgehoben mit einem überzeugenden Argument: Wie kann man für unsere Kinder Schulen kostenlos anbieten, aber Kindergärten mit einer Gebühr belegen wollen? Und mehr und mehr Kommunen und Länderregierungen haben sich entschlossen, Kindern eine warme Mahlzeit anzubieten, weil viele Kinder von ihren Familien in der Versorgung vernachlässigt werden.

Mit einem Bruchteil dessen, was aufgewendet wurde, um die Torheiten von Bankern wieder glatt zu bügeln, könnte diese peinliche Scharte der reichen Bundesrepublik Deutschland ausgemerzt werden, damit es in absehbarer Zeit nicht mehr das Verdikt gibt: Kindern geht es bei uns nur »mittelmäßig«.

Es müsste alle wachrütteln, wenn buchstäblich jede international vergleichende Studie über das Alltagsleben vermeldet, dass wir in Deutschland am Ende des Tampens stehen: bei PISA, bei UNICEF, bei der OECD. Was aber hat bei uns Konjunktur? Es werden Steuersenkungen versprochen – welch eine Perversion politischen Denkens!

Selbst die Bundeskanzlerin macht in Bezug auf die neue Verteilungsdebatte nicht die beste Figur. Sie wirkt eher zögerlich und unentschieden. Anders als in der Außenpolitik, wo sie beharrlich auf ihren Positionen bestehen kann, lässt sie in der Innenpolitik die Zügel schleifen. Die öffentliche Diskussion um Steuersenkungen kann so aber auch anders ausgehen. Paul Kirchhof, der »Professor aus Heidelberg«, der die damalige Wahlkämpferin Merkel in die für sie fatale Lage brachte, als Beschützerin der besser Verdienenden fast die Wahl zu verlieren, hat seine Lehren gezogen. Er rät ihr jetzt unmissverständlich, sich nicht auf die Debatte »Sparen und Steuersenken gehören zusammen, wenn wir aus der Krise wollen« einzulassen. Er muss es eigentlich wissen. Auch die meisten Bürgerinnen und Bürger sind der vier Grundrechenarten mächtig und fühlen sich durch die Formel »Sparen plus Steuersenkung« zu Recht bedroht.

Die Politik dürfe sich nicht von Steuerschätzern vorschreiben lassen, was sie tun soll und darf, sie brauche Visionen, so die CSU-Landesgruppe im Bundestag. Altbundeskanzler Helmut Schmidt pflegte darauf in bei ihm bekannter Offenheit zu antworten: »Wer Visionen hat, sollte zum Arzt gehen«. Das ist nun nicht gerade freundliche Kost, aber im Zusammenhang mit der Finanzkrise nicht die falscheste Antwort. Wer ins Grundgesetz eine Schuldenbremse für staatliches Handeln einfügt und damit die Fähigkeit des Staates zum Gegensteuern in einer Finanz- und Wirtschaftskrise im Keime erstickt, der braucht wohl tatsächlich Visionen, wie man einer solchen selbst auferlegten Gefangenschaft wieder entkommen kann.

Die Bonus-Szenerie

Es gibt natürlich auch Gutes zu berichten, wenn auch nur für einige im Lande. Die Familien Porsche und Piech werden 2009 eine höhere Dividende erhalten als die BMW-Eignerfamilie Quandt, während BMW mit drastischen Kürzungen bei den Gewinnbeteiligungen Schlagzeilen macht. Die meisten deutschen Vorständler, die ihr Unternehmen in der von ihnen mit zu verantwortenden Krise verlassen müssen, finden einen Trost: sie dürfen sich ihren Abschied mit Zahlungen in teils Schwindel erregender Höhe versüßen. Jeder Arbeitnehmer, dessen Arbeitsplatz durch Entlassungen gefährdet ist, wird melancholisch angesichts dessen, was in Vorstandsetagen wohl Tagesgespräch ist. Immerhin, es setzte eine Diskussion über berechtigte Forderungen zur Begrenzung von Vergütungen und Bonuszahlungen ein, die so genannte Deckelung. Die Bundesregierung machte Vorschläge über die maximale Höhe von Managergehältern und Bonuszahlungen, um dann beides klammheimlich wieder in der Versenkung verschwinden zu lassen. Nur Mut, möchte man da sagen. Ihr seid doch sonst nicht so ängstlich, wenn um Sparen und Begrenzungen, um Notwendigkeiten des Lohnverzichts, um Mindestlöhne und Sozialbeiträge »gerungen« wird. Das bisschen Ärger mit wütenden Vorstandsmitgliedern wird da doch noch auszuhalten sein.

Die meisten Bürger akzeptieren es, dass ein Vorstand, der ordentlich gearbeitet hat, für seine Leistungen die Vergütung bekommt, die in seinem Vertrag steht. Sie akzeptieren aber nicht die Höhe von Zahlungen, mit denen die Kluft zwischen den Mitarbeitern und dem Management ins Absurde getrieben wird. Und sie akzeptieren schon gar nicht, dass auch dann noch kräftig gelöhnt wird, wenn das Ergebnis der Arbeit negativ ist und die Rechnung dafür von den Arbeitnehmern gezahlt werden soll.

Wer einmal in einer Aufsichtsratsitzung die Begründungen für Bonuszahlungen miterleben durfte, kann Erstaunliches berichten: Boni müssen gezahlt werden, wenn das Ergebnis gut ist, weil sonst die Gefahr der Abwanderung des erfolgreichen Vorstandes besteht. Boni müssen gezahlt werden, wenn das Geschäft nicht so gut läuft, weil sonst die Leute draußen glauben könnten, der Vorstand sei an der miesen Lage schuld; Vorstandsmitglieder könnten auch abwandern, um zu beweisen, dass sie anderswo noch geschätzt werden. Boni müssen gezahlt werden, weil die Anstrengung eines Vorstandes, in schwarze Zahlen zu kommen, die entsprechende Anerkennung finden müsse. Boni müssen gezahlt werden, weil es schon ein hartes Los sei, den Spott derer zu ertragen, die erfolgreicher waren, und schließlich müssen Boni gezahlt werden, weil sich die Mitglieder des Vorstandes an einen Lebensstil gewöhnt hätten, den sie nur durch Finanzierung der eigenen Rente aufrecht erhalten könnten. Mit einem Wort: An den Vorstand muss immer gezahlt werden, es sei denn, er verzichtet darauf. Auf diese Möglichkeit werden wir wohl lange warten müssen …

Remedur:
Kurzarbeit, Transfers und Garantien

In Deutschland geht das Gespenst der großen Jobkrise um. Immer mehr Menschen werden arbeitslos und erste düstere Prognosen gehen davon aus, dass bis Ende 2010 die Zahl der Arbeitslosen auf fünf Millionen ansteigen könnte. Die Menschen werden nicht einzeln entlassen. Immer häufiger handelt sich um Entlassungen, bei denen sich plötzlich Tausende von Mitarbeitern auf der Strasse wieder finden. Als temporär erfolgreich im Kampf gegen die drohende Arbeitslosigkeit erweist sich das Instrument der Kurzarbeit, das durch die Bundesregierung weiter ausgebaut worden ist. Dem stimmt auch die OECD zu, die das Instrument sogar ausdrücklich lobt, aber dringlich zu Protokoll gibt, dass es weiterer arbeitsmarktpolitischer Hilfen bedarf, dass es auf Erweiterungen des bestehenden Instrumentenkastens und auf zielgenaueren Einsatz der Instrumente ankomme.

Es gibt erste gute Ansätze, aus dem Teufelskreis von Arbeitslosigkeit, geringer Kaufkraft und sinkenden Staatseinnahmen heraus zu kommen. So genannte Transfergesellschaften werden dabei zunehmend zu einem Mittel der Wahl. Hierbei werden Arbeitskräfte, die durch die Pleite ihres Unternehmens ihren Arbeitsplatz verlieren, in einer Gesellschaft aufgefangen, von der sie bis zu einem Jahr Gelder der Bundesagentur für Arbeit erhalten, wenn sie per Weiterbildung oder zielgerichtete Beratung ihre fachliche Qualifikation erhöhen. Das erinnert stark an die dänische Gesetzgebung, nur dass die Dänen solche Instrumente schon seit längerem und viel unvoreingenommener als wir einsetzen. Wichtig aber ist das Ergebnis. Kann Arbeitslosigkeit so vermieden oder gebremst werden? Haben Arbeitnehmer am Ende der Prozedur etwas in der Hand, was ihnen erlaubt, auf dem Arbeitsmarkt wieder leichter unterzukommen? Dass solche Transfergesellschaften ein Instrument sind, das auch schon mal in einem Land des real existierenden Sozialismus angewendet wurde, interessiert dagegen nicht mehr.

Inzwischen ist die staatliche Garantiesumme für die Banken auf über 100 Milliarden Euro gestiegen, und das soll noch nicht das Ende sein. Die Krisenbank Hypo Real Estate legt eine rasante Talfahrt hin und erwirtschaftet im ersten Quartal 2009 einen Verlust von über 400 Millionen Euro, gegenüber einem Überschuss im Vergleichszeitraum des Vorjahres, als noch 190 Millionen Gewinn anfielen. Die Banker versuchen mit ameisenhaftem Eifer alles zu verkaufen, was nicht niet- und nagelfest ist. Dennoch rutscht die Bank bei der Eigenkapitalquote unter die gesetzlich vorgeschriebenen 4 %. Eigentlich hätte die HRE von der Bankenaufsicht geschlossen werden müssen, wäre da nicht der Bund gewesen, der seine Bereitschaft zur unmittelbaren Hilfe erkennen ließ. Die Bundesregierung ist offenbar bereit, auf Kosten der Steuerzahler das Kapital um bis zu 5,6 Milliarden Euro zu erhöhen, zusätzlich zu den mehr als 100 Milliarden an Kreditgarantien, die bisher schon gewährt worden sind.

Was aber mit den anderen Fußkranken machen, die auch Hilfe brauchen, weil sie tatsächlich oder vermeintlich »systemrelevant« sind und das ganze System bedrohen, wenn sie wanken? Dazu war ja die Idee *Bad Bank* ins Spiel gebracht worden. Nach diesem Modell sollen Banken, die in Schwierigkeiten geraten sind, ihre »toxischen« Papiere abgeben können und frisches Geld bekommen, um den Geldkreislauf vor dem Kollaps zu retten. Wie dieses Konzept praktisch umgesetzt werden soll, bleibt aber weiterhin strittig, wie überhaupt viele Fragen offen bleiben: Wie viele und welche der Papiere abzugeben sind, bestimmen das die Bankmanager selber? Und wer bestimmt, was diese Papiere wert sein sollen? Sie haben ja keine angemessenen

Marktpreise mehr. Was ist mit der Bankenaufsicht als Garant für das ordnungs- und rechtmäßige Handeln der Banken von Gesetzes wegen? Wird sie bei dieser Operation an vorderster oder aber an hinterer Stelle eingesetzt? Wie vieler *Bad Banks* bedarf es?

Die Bundesregierung will, so scheint es zumindest, nicht der Esel sein, der die finanzielle Last trägt, im Unternehmen aber nichts zum operativen Geschäft zu sagen hat. Andererseits versucht sie den Eindruck zu vermeiden, sie selbst bestimme, was in den Banken an toxischen Papieren lagere. Was aber ist, wenn die Banken, von denen Spötter behaupten, sie wären ja alle insolvent, würde man nur hinter die Kulissen blicken, allein entscheiden, wann es ihnen schlecht und wann es ihnen wieder gut geht? Gegen Fehleinschätzungen könnte die Vereinbarung einer Nachhaftung gelten. Was aber ist in 20 Jahren? Nicht ohne Grund lieben Ökonomen den Spruch: »In the long run, we are all dead.«

Die öffentliche Diskussion dreht sich verstärkt darum, ob der Staat oder aber die Anteilseigner der Banken das finanzielle Risiko schultern müssen. Und das wiederum hängt davon ab, wie verantwortungsbewusst die Bankmanager mit diesem Risiko umgehen und wie die staatlichen Kontrollinstanzen verfolgen können, ob die Banken verlässlich mitspielen. Für viele ist es schon eine Erleichterung, nicht sagen zu müssen, man sei Kunde einer *Bad Bank*, weil das allein ja schon mal nicht gut klingt. Es wird also nicht einfach werden, Sinn und Funktionsweise der *Bad Bank* gesellschaftlich akzeptabel zu machen.

»Die neue Venus« – Tanz außer der Reihe

Viele Tageszeitungen berichten am Tag nach der Beschlussfassung des Kabinetts über das Instrument der *Bad Bank* mit liebevollem Ernst über ein kleines Figürchen aus Mammut-Elfenbein – die »Venus vom Hohle Fels«, 33 Gramm schwer, sechs Zentimeter groß, mit einer beachtlichen Frontpartie und kurzen, strammen Beinchen. Ihr Kopf ist eher ein bisschen klein, aber sie macht alle Diskussionen über ihr unmögliches Aussehen dadurch wett, dass sie die älteste Menschendarstellung überhaupt sein könnte.

Diese neue Venus macht die Schlagzeilen des Tages, nicht weitere dürre, schreckliche Zahlen über die wirtschaftliche Lage. 35.000 bis 40.000 Jährchen hat sie auf dem Buckel. Sie strahlt eine gelassene Ruhe aus, auch wenn Fachleute die Meinung äußern, die älteste Dame der Welt wäre trotz ihres würdevollen Alters der Traum und die Wunschvorstellung aller Männer. Wer weiß aber schon, was die Herren erwartet, wenn sie nach Jagd und Erkundung mit dem Abbild der Venus vom Hohle Fels mit ihrer bombastischen Seitenansicht nach Hause kommen.

Schockwellen überfluten das Land ...

Die KIELER NACHRICHTEN berichten: Produktionseinbruch bei Nokia; IWF erwartet lange Krise; Milchbauern fordern Hilfe; Amerikaner bauen kaum; Weltweiter PC-Markt bricht ein; Airbus wird im Jahr 2010 weniger A380 bauen als erhofft; Immobilienpleite in Amerika. Die Sahnestücke deutscher Produktion beweisen einen Hang zum »Bleiententum« und hocken lieber zu Hause, als sich im harten Wettbewerb zu beweisen. Oder sollte etwa doch der Vorwurf stimmen, die Deutschen bauten zwar technologisch High-Tech-Ware, aber diese sei international nicht immer leicht abzusetzen, weil die Menschen andere Bedürfnisse haben? Wer in seinem Land, in seinem Dorf keine garantierte Wasserversorgung hat, wer zur medizinischen Hilfe kilometerweit laufen muss, wer von weniger als einem Dollar am Tag leben muss, den interessieren unsere Mobiltelefone, unsere Autos, unsere Airbusse nicht. Es bedarf also neben der Palette moderner luxuriöser Produkte ganz anderer Produkte und Verfahren, insbesondere solcher, die zur alternativen Energieversorgung beitragen und zur Versorgung mit sauberem Trinkwasser.

So oder ähnlich geht das Tag um Tag, quer durch den deutschen Blätterwald. Die wenigen positiven Nachrichten gehen dagegen unter im allgemeinen Schlamassel. Und irgendwie tut einem die Politik fast schon leid. Es ist nicht ihr allein anzulasten, was zur fehlerhaften Entwicklung der Wirtschaft geführt hat. Aber sie soll nun alles wieder richten: schmerzfrei, schnell, ohne viel Aufsehen – und nachhaltig! Die Nachricht, dass die erste amerikanische Bank wieder Gewinne meldet, gilt manchem bereits als Durchbruch: »US Großbank meldet Gewinn. Zweiter Lichtblick nach Goldman Sachs«. Doch Jubel bricht nicht aus. Die deutschen Konsumenten treten auf die Bremse.

Im Gastgewerbe droht ein weiterer Stellenabbau. Der Branchenverband DEHOGA rechnet vor, dass 100.000 Arbeitsplätze akut gefährdet seien und fordert, die Mehrwertsteuer auch im Gaststättenbereich von 19 % auf 7 % zu senken (was dann später von der neuen Regierung tatsächlich in ihr so genanntes Wachstumsbeschleunigungsgesetz aufgenommen wird). In der Kosmetikbranche kriselt es. NIVEA, *die* deutsche Kosmetikfirma, rechnet mit weiteren Gewinneinbußen, nachdem die Aktie des Unternehmens im Handel um 6 % nachgab; die Erlöse gingen zurück, der Gewinn vor Steuern schrumpfte von 195 auf 145 Millionen Euro.

Die Milchbauern stecken in der tiefsten Krise ihrer wahrhaft nicht betulichen Branche. Die Produktion von Milch wird mehr und mehr zur Farce, weil die erzielbaren Preise nicht einmal alle Kosten decken. Es wird öffentlich protestiert – selbst vor dem Kanzleramt –, doch es kommt zu keinen schnellen Lösungen. Das Wort der »Überproduktion« macht die Runde, ein Wort, das im Zusammenhang mit der EU-Agrarpolitik kein Politiker, der überleben wollte, gebrauchen durfte.

Selbst das »Rotlichtmilieu«, das sonst nicht gerade in die erste Reihe drängelt und sich der Presse gegenüber eher verhalten gibt, lässt durch eine Sprecherin rückläufige Zahlen kommentieren, die dem Gewerbe trübe Aussichten bestätigen. Die Branche leide unter einem heftigen Strukturwandel, der in Hamburg und Frankfurt schon zur Schließung alteingesessener Bordelle geführt habe.

… und dann rollt der HRE-Tsunami

Die Häufung und schleichende Gewöhnung an solche und andere Meldungen des Missmuts verhindern die volle Wahrnehmung des Finanz-Tsunamis HRE, einer Immobilienbank, die die meisten Deutschen immer noch nicht und nicht einmal dem Namen nach kennen. Sie lebt noch, Dank staatlich ausgesprochener Garantien in nie gehörter, nicht wirklich begreiflicher Höhe. Doch so viele Milliarden als Garantie müssen erst einmal in einem schwindsüchtigen öffentlichen Haushalt eingebaut werden.

Um den damit verbundenen möglichen Verteilungskonflikt nicht allzu hoch zu fahren, versucht die Bundesregierung, zunächst mit einer Bürgschaft im unteren Milliardenbereich die Bank zu stabilisieren. Die Summe liegt binnen kurzem dann aber über 100 Milliarden Euro, kann allerdings zunächst nicht aktiviert werden, weil der beteiligte amerikanische Großinvestor J. Christopher Flowers nicht will. Flowers will sein Aktienpaket nicht herausrücken und droht, gegen eine mögliche Enteignung zu klagen. Er will zunächst alles, nur nicht kooperativ sein. Und alle starren auf die Bank, voller Erwartung darauf, was passiert, wenn das Schlimmste passiert, wenn Flowers seinen Willen durchsetzt.

Als ordnungspolitischer Preis für die ausgeschlagene Rettung wird nicht mehr und nicht weniger gefordert als die Enteignung der HRE-Bank – ein Wort, das nicht nur die Gesetzgebung auf Hochtouren bringt, sondern auch Guido Westerwelle mit Unheil schwangeren Worten über den »Sieg des Sozialismus in Deutschland«. Gegen den will er notfalls vor Gericht gehen, wenn da nicht schon Flowers wäre, den die Verstaatlichung auf die Bühne treibt.

Auch für die wirtschaftliche Lage Norddeutschlands kann die Entscheidung von Flowers folgenschwer sein. Er besitzt ein beachtliches Aktienpaket an einer der wichtigsten deutschen Werften, der HDW, und ein ebenfalls beachtliches Paket an der HSH Nordbank. Was er in Wirklichkeit vorhat, ist öffentlich aber zunächst nicht in Erfahrung zu bringen.

Höchstwahrscheinlich sind auch deswegen die Kommentare über die deutsche Wirtschaftspolitik weiterhin eher milde bis widersprüchlich. Die Steuersenkungspläne von FDP und CSU werden als Luftbuchungen bezeichnet, die Rettung der HRE-Bank aber als notwendig. Der Begriff »systemrelevante Bank« hat weiterhin Konjunktur, obwohl keiner bisher überzeugend definieren konnte, was das eigentlich ist. Doch alle scheinen unausgesprochen zu akzeptieren, dass man einer solchen Bank mit Steuergeldern helfen muss.

Teufelsworte:
Staatliche Beteiligung, Enteignung!

Doch dann machen erstmals ungehörte Wort die Runde: »Staatliche Beteiligung« und »Enteignung« – für den Fall, dass sich die Aktionäre gegen eine gedeihliche Zusammenarbeit mit dem Staat sperren und für den Fall, dass sich keine akzeptablen Interessenten (für Opel und andere Firmen) finden lassen sollten.

Manch einer traut seinen Augen und Ohren nicht, manch einer wird an eigene Jugendsünden erinnert, wo er/sie in jugendlichem Übermut die Verstaatlichung von Schlüsselindustrien forderte. Dafür wurde man damals mit einem Bann belegt und man lief Gefahr, in hohem Bogen aus dem Hause oder der Partei zu fliegen. Nun aber, nach der ersten Erfahrung der Krise und in Erwartung weiterer Krisen diskutieren Konservative wie Progressive in aller Öffentlichkeit die Notwendigkeit strikter staatlicher Regelungen.

Nur, wo ist der politische Mut, diese Ideen auch umzusetzen? Warum gibt es darüber keine breit angelegte politische Debatte, die den müden Wahlkampf bereichern könnte? Weil kein Mensch wirklich glaubt, die Politik könne solche »Drohungen« wahr machen? Warum sich über etwas echauffieren, was über Schlagzeilen-Niveau nicht hinauskommt?

Soziale Unruhen, wie sie in anderen europäischen Ländern zu beobachten sind, wollen in Deutschland aber weiterhin nicht aufkommen, wohl deshalb, weil doch einige Wirtschaftsdaten immer noch besser sind als anderswo. Die Aussichten des Arbeitsmarktes sind bisher eher überschaubar, die Inflationsrate ist äußerst niedrig, die Zahl der Arbeitslosen weist immer noch den niedrigsten Stand seit 16 Jahren auf. Doch das Bruttoinlandsprodukt sinkt, nach neuesten Vorhersagen gar um 6 % im laufenden Jahr. Alle hoffen aber auf einen glimpflichen Ausgang, wenn man nun nur nicht die Fehler anderer macht.

Fehler waren gemacht worden, und zwar jede Menge. Insbesondere war das Argument der Ausweglosigkeit, gegen die Globalisierung ankämpfen zu können, klammheimlich in unsere Köpfe geraten. Globalisierung – das Zauberwort, das manche Diskussion im Keim erstickt, wurde voll verinnerlicht und in die Gedankenwelt von Managern und Politikern aufgenommen.

Eine Wirtschaft, die zum »Exportweltmeister« aufsteigen konnte und weiter dort bleiben will, ist aber wegen der Globalisierung logischerweise und in hohem Maße anfällig, anfällig für das, was woanders stattfindet in den USA, in China, in der Welt. Wenn in Folge der Rezession unsere Wirtschaftspartner ins Trudeln kommen, verfestigen sich bei uns die strukturellen Schwächen. Das spätestens ist der Zeitpunkt, wo definiert werden muss, welche Abhängigkeiten am leichtesten abzumildern sind.

Der Abbau von Mitspracherechten der Arbeitnehmer und die Massenentlassungen auf der unternehmerischen Ebene, die Einführung von Studiengebühren und die Einschränkung von Hilfeleistungen auf der staatlichen Ebene, das sind die falschen Antworten auf eine Krise, die genau aus diesen Elementen gewachsen ist. Insbesondere hat niemand hat den Managern deutlich gesagt, dass ihr Verhalten international gefährlich ist. Ganz offensichtlich werden Mitsprache und betriebliches Verantwortungsbewusstsein der Arbeitnehmer in ihrer Wirkung weiterhin unterschätzt, wenn es darum geht, das Unternehmen durch raues Wasser zu steuern.

Trotz Globalisierung und Globalisierungsgerede verhindert das fast völlige Ausblenden der wirtschaftlichen Gegebenheiten in den Entwicklungsländern, das Negieren der Bedürfnisse von Millionen Menschen, kraftvolle Planungen für die Zukunft. Der Beispiele hierfür gibt es viele. So diskutieren die Betriebsräte der HDW in Kiel seit mehr als sieben Jahren über die Erweiterung der betrieblichen Angebotspalette, über Hebebühnen für die Offshore-Technik, über Plattformen für Solarenergieanlagen, den Umbau schmutziger Antriebstechnik und vieles andere mehr. Das Management aber sitzt im fernen Düsseldorf (Thyssen Industries), denkt in Schiffen, träumt von Schiffen und bleibt verhaftet in einem Marktgeschehen, das nur wenige zusätzliche Schiffe braucht. Das ist nicht Globalisierung, das ist bodenloser Leichtsinn. Denn es wird Hebebühnen, Pontons und saubere Antriebstechniken geben, nur werden sie nicht auf der HDW in Kiel gebaut werden, sondern in China und Korea.

Krisenmanager im Hintergrund …

Es geht inzwischen nicht mehr nur um die Rettung von Banken und des Bankenwesens insgesamt. Es geht auch darum, wie die politische Deutungshoheit wieder dahin kommt, wohin sie gehört: in die Zuständigkeit und Verantwortung der Politik, die bisher wie der Bär am Nasenring vorgeführt wurde und sich vorführen ließ. Das Thema Transparenz, das Formulieren gemeinsamer Ziele, die Verabredung des Weges zu diesen Zielen und die Suche und Bestimmung geeigneter Maßnahmen zu ihrer Verwirklichung scheint ansatzweise zumindest auf die Tagesordnung zu kommen. Es waren Beamte und Mitarbeiter des öffentlichen Dienstes, die den Primat der Politik kennen und anerkennen, die sich auf den Weg der Schadensbegrenzung begaben. Wer sind diese Männer und Frauen, die sich wie Minensuchhunde im Kampf gegen die Gefahr des finanziellen und wirtschaftlichen Zusammenbruchs einsetzen? Es sind durchaus viele, wenn auch noch zu wenige Frauen. Und es sind solche, die den Zusammenhang zwischen der finanzpolitischen Aufgeblasenheit großer Banken und der Gefährdung wirtschaftlichen Handelns erkennen.

Da sind zum Beispiel die Mitarbeiter und Mitarbeiterinnen im Kanzleramt und im Bundesfinanzministerium, in den Fachministerien, in den Gewerkschaften und auch in den Banken, die es wagen, Ideen zu entwickeln, die bisher noch keiner laut gedacht oder ausgesprochen hat. Nun sitzen sie da, die treuen Paladine, und versuchen das loyal umzusetzen, was die Regierung vorgibt, die Rettung aus dem Schlamassel. Nächtliche Sitzungen sind die Regel. Und das Ringen um die beste oder auch nur zweitbeste Antwort stellt hohe Anforderungen an Integrität und Kreativität. Wenn aber ein Minister ganze Gesetzesvorlagen in einer Anwaltskanzlei erarbeiten lässt, dann spornt das die eigenen Leute nicht gerade an. Ansporn und Motivation sind aber notwendig, um wirkungsvolle Kontrolle ausüben zu können.

In einem Artikel der Zeit wird beschrieben, wie sich Einzelne beim staatlichen Krisenmanagement selbst ausbeuten. Manche haben nach dem Zusammenbruch der Lehman-Bank lange nicht mehr richtig ausschlafen können, Kollegen mussten sich krankschreiben lassen, um mal wieder einen klaren Kopf zu bekommen. Man fragt sich allerdings, wer mehr zu bedauern ist. Da gab es nämlich auch den zuständigen Beamten des Bundeskanzleramtes, der sich die vermeintlich zerknirschte Rede des Herrn A. anhören musste: Banken hätten Fehler gemacht, das Risikomanagement müsse verbessert, die Vergütungsstruktur geändert werden, mehr Regulierungen seien nötig, die Finanzarchitektur müsse neu gezeichnet werden. Herr A. stimmt Allem zu und kratzt dann doch die Kurve mit der Schlussfolgerung, dass die Banken eigentlich keine Fehler gemacht hätten.

Mit Witz, Schweizerdeutsch und einem gewissen Charme kommt Herr A. bei seinen Zuhörern ganz offensichtlich gut an – und wird, auch mit Hilfe der Gewerkschaft ver.di, für drei weitere Jahre in seinem Amt als Chef der Deutschen Bank bestätigt. Obgleich er doch schon seit langem herausposaunt hat, mit 62 Jahren aufhören zu wollen.

Globalisierung war ein Zauberwort für die Schockstarre der deutschen Politik, Privatisierung ein anderes. So war es jedenfalls bisher. Nun aber bahnt sich zumindest verbal ein Paradigmenwechsel an: Politik »greift ein«, »entschärft«, »führt ein«, »fordert Kontrolle«. Nun wird gegen die »Freibeuter« gewettert, die als Manager vom Schreibtisch aus jahrelang das machen konnten, was sie wollten, die schamlos, hemmungslos und habgierig in die Kassen ihrer Unternehmen griffen, um Experimente zu starten, von denen sie weder Anfang noch Ende kannten. Und nun wird nach Alternativen gesucht, nach Werten, nach ethischem Verhalten, nach einem verantwortungsbewussten Management, nach besserer Regulierung, nach internationaler Kooperation.

… und Abzocker im Vordergrund

Eine große Zahl von deutschen Managern und Unternehmern startete in das Abenteuer ihres Lebens: in die Abzocke. Dann aber, nach Jahren des unkontrollierten Tuns, trieb die Scham darüber, dass es schief ging und der eigene Name in den Zeitungen nicht mehr mit Respekt, sondern mit Ironie und Schadenfreude genannt wurde, den einen in den Freitod, den anderen in die Finanzklemme.

Manch ein Vorschlag zur Entschärfung der Zustände, zur kontinuierlichen Berichtspflicht, zur Einhaltung von Obergrenzen, die den Anstand wahren und Überheblichkeiten begrenzen sollten, ist in der Vergangenheit als Angriff auf die Integrität des Managements abgewehrt worden. Sinnfragen wurden nicht gestellt und die Tatsache, dass ehemalige Vorstandsmitglieder in großer Regelmäßigkeit zu Aufsichtsratsmitgliedern bestellt wurden, erlaubte die Durchsetzung von Plänen auch über das Ausscheiden aus dem aktiven Arbeitsleben hinaus. Forderungen nach mehr Transparenz in Entscheidung und Bezahlung, nach Pflichten der sozialen und ökologischen Berichterstattung galten vielfach als Ausdruck von Neid und Sozialismus oder schlicht als Unverschämtheit.

Die im Hinterzimmer ausgehandelten Bezüge und Bonuszahlungen an den Vorstand, über die nicht Rechenschaft abgelegt wurde, durften zwar vom Kunden und vom Steuerzahler mit finanziert, nicht aber hinterfragt werden. Nun sieht ein neues Gesetz vor, Vorstandsbezüge in Zukunft zwar nicht durch die Mitarbeiter des Unternehmens, aber doch wenigstens durch die Hauptversammlung der Aktionäre genehmigen zu lassen.

Wer aber jetzt triumphiert, hat die Rechnung ohne den Wirt gemacht. Zerknirscht, im Büßerhemd, angemessen im Auftreten, Gang nach Canossa, so oder ähnlich schwören jetzt viele. Das neue Leitbild der Bescheidenheit, gar der Demut, soll nach außen zeigen, wie ernst man es meint. Da reibt sich jedoch mancher verwundert die Augen: das sollen die Bosse sein, die uns reingeritten haben; diese traurige Schar im bescheidenen Grau die Belzebuben des Kapitalismus? Da stehen sie nun, nicht ohne Selbstvorwurf, schwören unmäßig hohen Bezügen ab und wollen offen legen, was sie wofür erhalten. Aber gemach. Es bleibt dabei, die Welt ist eine Scheibe – und der neue Mann, hier der Vorstandsvorsitzende der Baden-Württembergischen Landesbank, wird ein Einkommen haben, das höher ist, als das seines Vorgängers. Und in nicht allzu ferner Zeit mag es dann wieder so sein, wie es immer schon war. Keiner wird sich mehr aufregen, wozu auch. Keiner wird sich an die hohlen Versprechen erinnern wollen, warum auch. Und alle werden jede Nach-Frage als unzulässigen Angriff auf die Integrität des Befragten erachten. War da was?

Die große und die kleine Politik

Da ist dann aber noch das neue Wahlprogramm der Sozial-
demokraten. Die SPD will endlich energisch gegen die sich in
Deutschland weiter öffnende Kluft zwischen Arm und Reich angehen. Arme sollen entlastet, Reiche belastet werden. Doch die
Politiker, die 102 Milliarden Euro locker machten, um die HRE-
Bank zu retten, und die Journalisten, die das in Ordnung fanden,
ziehen in dieser Sache nicht an einem Strang. Es ist gewiss legitim zu fragen, ob eine Maßnahme, die von Politikern vorge-
schlagen wird, auch bezahlbar ist. Aber die rüde Zurückweisung
manches Vorschlages hat mit legitimer Nachfrage nichts mehr
zu tun. Ob dieser Vorschlag (wie andere) bezahlbar ist, hängt
auch davon ab, ob die Unternehmen, denen der Staat in der Not
hilft, die geliehenen Gelder wieder zurückzahlen können. Und
ob Arbeitnehmer wieder einen Job haben werden, aus dem heraus sie Steuern zahlen können.

Es gibt zurzeit viele Vorschläge, wie der Staat auszustatten
wäre, damit er seine Aufgaben wahrnehmen und zu gewünsch-
tem Tun oder Unterlassen beitragen kann. Viele dieser Vorschläge
hätten eine intensive Debatte verdient, und sei es nur, um zu zeigen, dass die Argumente gewertet, geprüft, verworfen oder angenommen wurden. Der eher langweilige Bundestagswahlkampf
2009 wäre so in Schwung gekommen – kann man jedenfalls
hoffen. Schon im Wahlkampf 2004 waren selbst klitzekleine
Erhöhungen der Mehrwertsteuer vehement abgelehnt worden,
weil sie angeblich die Konjunktur abwürgen, weil sie Neiddebat-
ten erzeugen und anderes mehr. Doch dann kam der Tag danach
und die Steuer wurde erhöht – um drei Prozentpunkte, nicht
um einen Prozentpunkt, und nicht zur Sanierung der Sozialversicherungen, sondern zum Stopfen von Haushaltslöchern.

Diesmal hätte der Vorschlag auf Einführung einer nationalen Börsenumsatzsteuer und einer internationalen Transaktionssteuer eine ernsthafte Diskussion verdient gehabt. Jeden Tag
schickt das internationale Finanzwesen das gesamte vorhandene
Finanzkapital der Welt mehrfach um den Globus. Solange alles
gut geht, geht alles gut. Aber wehe, da ist irgendeine Schwäche
auf der Strecke, dann biegen sich die Stützpfeiler des Systems.
Zur Beruhigung und Verstetigung der internationalen Finanz-

ströme schlug vor vielen Jahren schon ein Nobelpreisträger der Ökonomie die Einführung einer internationalen Transaktionssteuer, die heute so genannte Tobin-Steuer, vor. Man hätte auf den Preisträger hören sollen. Das hätte uns die Krise ersparen können. Zumal die Welt ja keineswegs untergehen wird, wenn sich die Kassen des Staates dadurch wieder füllen, dass Spekulanten vom schnell verdienten Geld eine Umsatzsteuer bezahlen müssen, wie das in England und anderswo ohnehin längst der Fall ist. Sie ginge auch nicht unter, wenn Menschen nach ihrer Leistungskraft, die sich in der Höhe ihres Einkommens niederschlägt, im Inland Steuern bezahlen würden, statt europäische und außereuropäische Steueroasen anzulaufen.

Aber wir werden in schweres Wasser kommen, wenn die Lücke zwischen Arm und Reich weiter aufreißt, wenn sich in Deutschland der Vorschlag der FDP für einen Spitzensteuersatz von lediglich 35 % durchsetzen sollte. Seltsamerweise fragt kaum jemand, wie dieses Experiment bezahlt werden soll. Die Deutschen wollen in ihrer Mehrheit ein gerechtes Steuersystem. Die Schonung ganzer Gruppen von der angemessenen Pflicht des Steuerzahlens trifft den Nerv der Zeitgenossen.

Was trösten mag, ist die Tatsache, dass auch in anderen Teilen der Welt Regierungen mit Fragen konfrontiert werden, die bisher tabu waren. Wer hätte zum Beispiel erwartet, dass im England von New Labour die Frage nach staatlichen Hilfen noch einmal auf der Tagesordnung stehen könnte. Der britische Baufinanzierer Bradfort & Bingley kann nur mit staatlicher Hilfe die Pleite vermeiden und bei dieser achtgrößten englischen Bank muss der Steuerzahler mit 63 Milliarden Pfund bei Krediten und Hypotheken helfen, um das Schlimmste zu verhindern. Luxemburg und die Niederlande legen 11,5 Milliarden Euro auf den Tisch, um die Fortisbank zu retten. Es wird alles getan, was nach der reinen Lehre eines funktionierenden Marktes nicht passieren dürfte und fast alle, vom konservativen Politiker bis zum konservativen Zeitungskommentator, machen mit.

Länger als Amerikaner und Engländer konnten die Deutschen sich vormachen, von der Krise nicht so stark betroffen zu sein, bis auch der Letzte sich gewollt oder ungewollt mit dem Phänomen des zusammenbrechenden Finanzsystems auseinandersetzen musste. Wenn Banken vom Markt verschwinden oder von anderen Banken geschluckt werden, wenn traditionsreiche Handelshäuser vom Markt verschwinden, Versicherungen sich an andere Versicherungen anlehnen, dann kommt man nicht umhin zu prüfen, wie derartige Domino-Effekte vermieden werden können. Lange Zeit hatte man die Überlegenheit des Marktsystems allseits verinnerlicht, so dass kritische Fragen nicht mehr gestellt wurden. Und wenn doch, dann erhielten konjunkturelle Fragen größere Beachtung als strukturelle. Der Markt wird's schon richten, so hieß es unisono. War der Markt früher lokal, regional und national, so wird er nun globalisiert. Alles muss nur um eine Potenz vergrößert werden. Privatisierung und Deregulierung, Rückbau staatlicher Beteiligung und staatlicher Intervention, das waren die entscheidenden Hebel zur Beförderung der Globalisierung. Nun aber der weitgehende Zusammenbruch der Finanzmärkte, nun die Infragestellung des neoliberalen Paradigmas.

Die Krise führt in der Praxis zu höchst unterschiedlich intensiven Verwerfungen, und des Deutschen Lieblingsspielzeug, das Auto und die Autoindustrie, trifft es besonders. Da musste man sich etwas einfallen lassen: die Idee einer Abwrackprämie für gebrauchte Autos war geboren. Wissend, wie umweltsensibel die Deutschen inzwischen sind, wurde diese sektorale Stützungsmaßnahme dann als »Umweltprämie« angepriesen.

Die Konsumenten nehmen sie mehr als gerne an, das Programm muss verlängert werden. Die Abwrackfirmen kommen nicht mehr nach mit der Nachfrage nach Autopressen und der Bundesfinanzminister, der mit dem ehrgeizigen Ziel angetreten war, das Haushaltsdefizit zu verringern, kann nur noch zusehen, wie sein Haushalt erneut in Milliardenhöhe gefleddert wird. Und er darf auch mit ansehen, welcher Missbrauch mit der Prämie betrieben wird. Autos, die eigentlich nicht mehr existieren können, fahren munter weiter und die Umwelt verpestend über die Straßen, weil zunächst vergessen worden war, mit den Autos auch deren Papiere zu verschrotten.

Sprachkünstler und
Schlauberger allüberall

Wenn immer Zukunftsinterpreten ihr Spielchen spielen und uns verwirren wollen, wird ihr Jargon anglo-amerikanisch. Die Worte, die sie dabei finden, sind oft nicht mehr von dieser Welt. Die Probleme jedoch, die sie auf diesem Wege sich selbst und der Gesellschaft umhängen, die sind meist sehr real. Das Vokabular: *asset backed securities, special investment vehicles, new diligence, prime and subprime, leverage* und anderes mehr, ist beeindruckend, zeugt aber zugleich auch von Minderwertigkeitsproblemen der Herrschaften, die es verwenden. Dass Bankenpapiere toxisch sind, ist wohl nur von Zynikern zu genießen, ebenso, wenn Hedgefonds als Massenvernichtungswaffen eingestuft werden.

Was auf die Menschen als Menü aus diesem Gift-Kochbuch zukam, das wussten die, die das Instrumentarium erfunden hatten, aber sehr genau. Andere hatten dagegen eher keine Lust, sich damit zu beschäftigen. Und dann gab es die, die keine Ahnung hatten von dem, was sie da erwartete. So konnte es passieren, dass Häuslebauer und Immobilienhändler in Amerika zu Auslösern der größten Finanz- und Wirtschaftskrise seit Jahrzehnten wurden, ohne es zu ahnen. Woher hätten sie auch wissen können, dass Immobilien als Sicherheit für windige Geschäfte benutzt wurden, nicht in aller Offenheit, sondern klein geschnibbelt, vermengt mit anderen so genannten *assets*, nicht mehr recht erkennbar, aber als Bankenvernichtungsmittel äußerst wirkungsvoll. Woher hätten sie wissen sollen, dass Banken ihre Häuser als Sicherheit für einen Kredit zu 100 % beliehen. Und woher hätten sie wissen können, dass *leverage* im konkreten Fall bedeutet, dass die Banken früher mit einem eigenen Dollar vier Dollar auf dem Kreditmarkt hinzuleihen konnten, während sie nun mit einem eigenen Dollar 40 Dollar und mehr aufnehmen konnten, um damit Geschäfte zu machen.

Es war eine gigantische Mache, die Sicherheit verhieß und neuen Wohlstand. Als sich dann das Märchen von des Kaiser's neuen Kleidern endlich herumsprach, war es zu spät. Da hatten die Anleger ihr Geld an die falschen Fonds, an die falschen Manager, an die falsche Branche gegeben, da begann der Finanz-Tsunami.

Dabei gab es schon sehr früh Anzeichen, die zu studieren gelohnt hätte, weil sich so die späteren Entwicklungen zumindest hätten eingrenzen lassen. Doch als die Politiker endlich in den ökonomischen Instrumentenkasten greifen wollten, da stritten sie darüber, wer den richtigen dabei hatte: der, der mit einem fast leeren Kasten kam, weil alles ja nur halb so schlimm sei oder der mit dem vollen Kasten, weil nur dieser passend erschien. Nur wenige Ökonomen hatten die Anzeichen frühzeitig wahrgenommen und richtig interpretiert. Kein Wunder, dass nun Witze über Ökonomen Hochkonjunktur haben.

Viel schlauer waren aber auch die Banker nicht. Noch am 15. September 2008 überwiesen die Vorstandsmitglieder Leinberger und Fleischer der Kreditanstalt für Wiederaufbau (KfW) in Frankfurt 320 Millionen Euro zur Rückzahlung von Krediten an die Bank Lehman Brothers in New York, just am Tag ihrer Insolvenz. Die ganze Republik wieherte, denn das Geld aus der Kasse der ebenfalls nicht trittfesten KfW war weg, ohne irgendeine Gegenleistung.

Bei einer Umfrage über das Ansehen von Banken kam dann, kein Wunder, nichts Gutes heraus. Im Auftrag der Landesbank Hessen-Thüringen, von Rheinmain-TV und Frankfurter Rundschau wurden im April 2009 rund 400 Manager aus der Rhein-Main-Region befragt, wie sie das Image der Banker einschätzten. Das Ergebnis: Die Banker haben im Zuge der Finanzkrise in der Öffentlichkeit eines ihrer wichtigsten Charaktermerkmale verloren, das Vertrauen in ihre Seriosität und damit das Vertrauen in sich selbst. Da helfen auch die schönsten englischen Sprachblüten nicht mehr. Sie hätten auch die Sprache der alten Ägypter und Hethiter lernen können, was sie vielleicht sogar getan hätten, wäre mehr Umsatz dabei herausgesprungen. Vorbei die Zeiten, wo man auf das Wort eines Bankers ein Hochhaus bauen konnte. Vorbei die Leichtigkeit des Seins, mit dem die Macher ihr Leben genießen konnten. Vorbei der schöne Schein. Das Geschrei ist nun groß über die Sünder von gestern, die heute um ihre Abfindungen kämpfen, doch der Zynismus einiger Handelnder ist kaum noch zu ertragen.

Da hilft auch wenig, wenn einige Banken geloben, in Zukunft maßvoller bei Gehalts- und Bonuszahlungen sein zu wollen. Da hilft auch nicht, dass Herr A. Bescheidenheit anmahnt und der Vorstand der Deutschen Bank gar den Verzicht auf Bonuszahlungen erklärt. Drei Viertel der Befragten geben an, dass die Bonusverzichts-Kampagnen vom Bürger als das begriffen werden, was sie in Wahrheit sind: der Versuch, sich herauszuwinden, eigene Fehler nicht zuzugeben und einen Beitrag zur Wiedergutmachung nicht leisten zu wollen.

Das Vertrauen ist perdu und auch durch markige Worte nicht von jetzt auf gleich wieder herzustellen. Immerhin: mit Hilfe von BILD darf Herr A. sich und seinen Kollegen die Leviten lesen und Mäßigung anmahnen: »Fehlleistung darf nicht belohnt werden, schon gar nicht mit Steuergeldern.« Und: »Nicht alles, was legal ist, ist auch legitim.« Und schließlich: »Für viele Menschen ist so manches, was gerade passiert, nicht mehr nachvollziehbar«. Das sind nette Worte, an die Adresse von Männern, deren Fingerspitzengefühl für Anstand und ehrenvolles Verhalten schon längst verloren gegangen war. Und man ahnt förmlich, wie der Vorstand der Dresdner Bank den »Kollegen« A. nunmehr einstuft. Auch der ehemalige Vorstandsvorsitzende der HRE-Bank, der gerade dagegen klagt, dass ihm angesichts seiner Leistungen Abfindung und Bonus gestrichen wurden, wird Herrn A. keinen Lorbeerkranz gewunden haben.

Im Übrigen geht das Alltagsgeschäft weiter wie zuvor. Die CDU verspricht eine Milliardenentlastung bei den Beiträgen der Bundesagentur für Arbeit; das Kindergeld soll um 10 Euro (in Worten: zehn) auf 164 Euro erhöht werden. Die Deutsche Bank steigt bei der Postbank ein, die sie noch bis vor kurzem als eher popelig, als nicht adäquaten Partner eingeschätzt hatte. Da die Braut aber ihren eigenen Brautpreis zur Finanzierung des Deals mit einbringen wird, ist dieser Schönheitsfehler offensichtlich zu verschmerzen. Natürlich verkehren Postbankkunden nicht in den Kreisen der Kunden der Deutschen Bank, aber Kleinvieh macht auch Mist, wird man sich gedacht haben. Und außerdem sind Postbankkunden ja brave Sparer.

Ein Thema geht in der Tagespresse dagegen völlig unter: die Verhandlungen vor dem Bundesfinanzgerichtshof über die Rechtmäßigkeit des so genannten Abgeordneten-Privilegs der Kostenpauschale. Unter normalen Bedingungen wäre dies ein Lieblingsthema für die Presse gewesen, denn viele hätten gern eine Ausgabenpauschale, deren freudvolle Nutzung nicht durch Nachweise der tatsächlich getätigten Ausgaben getrübt wird.

Außerdem berichten die Zeitungen über die exorbitant gestiegene Zahl von Hartz IV-Klagen vor Sozialgerichten – ein Hinweis darauf, dass einiges im Argen liegt und dass davon betroffene Menschen nicht mehr länger bereit sind, alles stillschweigend zu akzeptieren.

Mit Bildern Stimmung machen und mit Prognosen

In Amerika erobert inzwischen die als »schöne Gouverneurin von Alaska« titulierte Sarah Palin die Schlagzeilen. Es ist Wahlkampf und sie ist das *running mate* des republikanischen Präsidentschaftsbewerbers John McCain. Mit ihrer Betonung amerikanischer (weißer) Werte, leicht anzüglichen Wortbeiträgen und einer Mischung aus Chuzpe und Gerissenheit ist sie eine echte Herausforderung für den politischen Gegner, die Demokraten. Eine Zeitlang sieht es nicht besonders gut aus für Barack Obama, aber mit der hereinbrechenden Wirtschaftskrise beweist sich, dass der demokratische Bewerber bessere Nerven hat, schneller auf die Krise reagiert, deutlich genauere Vorstellungen von wirtschaftlichen Zusammenhängen hat – und gewählt wird. Die Europäer fühlen sich beruhigter, als sie in einer vergleichbaren Situation mit einem republikanischen Präsidenten hätten sein können. Der Neue im Weißen Haus sieht die Probleme ähnlich wie die europäischen Regierungen – und als grundsätzlich lösbar an: Klimapolitik, Bildung, Gesundheit, Abrüstung und Umbau der maroden Infrastrukturen, das sind seine Themenfelder, von denen sein Vorgänger Bush offenbar nicht einmal wusste, dass es sie gab.

Im kleinen Europa gibt es immer noch Fürst Hans-Adam II. zu Lichtenstein, der wieder mal in Rage geriet. Aber so richtig, mit allem, was die Presse liebt: Pathos, Überheblichkeit und Vorwürfen an die Deutschen. Was war passiert? Es ging um die Leihgabe eines Gemäldes aus der Sammlung des Fürsten für eine Ausstellung des Jüdischen Museums in Berlin, um die der

Leiter Michael Blumenthal gebeten hatte. Seine Hoheit geruhte sich aufzuregen und abzulehnen mit einem überraschenden Begleitschreiben: »In den vergangenen 200 Jahren haben wir immerhin schon drei Deutsche Reiche überlebt, wir werden auch noch ein Viertes überleben.«

Es war nicht das erste Mal, dass der Fürst einen Nazivergleich benutzte, um klar zu machen, dass er pikiert sei. Warum aber ist die Anfrage eines Museums um eine Leihgabe geeignet, den Zorn des Fürsten zu erregen? In einer späteren Begründung lässt er erklären, die Deutschen hätten schon mal Bilder aus der Lichtensteinschen Sammlung als Beutekunst mitgenommen und nicht wieder rausgerückt. Das mag stimmen. Aber glaubt Seine Hoheit wirklich, dass der Leiter eines Berliner Museums auf diese Weise die Zahl seiner Exponate erhöhen wollte?

Vergleicht man die beiden Fälle, dann wird ein ganz anderer Hintergrund sichtbar. Der Fürst ärgert sich ganz offensichtlich darüber, dass das Steuergeheimnis, das in Lichtenstein als heilig gilt, durch den Bundesnachrichtendienst gelüftet wurde seither deutsche Ehrenmänner als Steuerhinterzieher vorgeführt werden können.

Für das laufende und das kommende Jahr rechnen Experten des DIW mit einer Abnahme des Bruttoinlandsprodukts um bis zu 5 % und mehr. Aber wen stört's? Wenn man immer alles wüsste, bräuchte man keine Prognosen. Und außerdem kommt die Bundesrepublik bei internationalen Vergleichen immer noch gut weg. Abgesehen von allem anderen sind nach Woody Allen Prognosen immer schwierig, weil sie sich mit der Zukunft beschäftigen. Und warum schuf Gott den Ökonomen?, fragt Mario Müller in der Frankfurter Rundschau. Antwort: um die Leute, die das Wetter vorhersagen, besser aussehen zu lassen.

Im Ergebnis nicht viel anders sieht es in unseren Nachbarländern aus. Die Angst um die Zukunft nimmt zu, Menschen glauben nicht mehr, dass das System fehlerfrei funktioniert. Im September 2007 stürmen besorgte Kunden die Schalter der britischen Northern Rock Bank. Regierung und Bank von England müssen die Einlagen garantieren, um Aufruhr abzuwenden. Northern Rock wird vom Staat übernommen. Man hört förmlich, wie der frühere Premierminister, Tony Blair, die Luft anhält, weil das nun wirklich nicht mit New Labour zu vereinbaren ist. Aber es scheint Schlimmeres zu geben.

Schweizer Zeitungen titeln: »Schweiz entsetzt über Jahrhundertpleite«. Mancher Geldanleger mag befürchtet haben, die Schweiz habe sich entschlossen, die Namen aller Geldanleger mitsamt den dazugehörenden Bankkonten bekannt zu geben. Aber passiert war ganz anderes: Die Schweiz verliert ihr Fußball-Länderspiel gegen Lichtenstein mit 1:2 Toren. Man fühlt sich bis auf die Knochen blamiert und schwört Rache.

Die frohe Nachricht lautet: Paloma Picasso, Tochter des berühmten Malers aus der Beziehung mit der Malerin Francoise Gilot, feiert ihren 60. Geburtstag. Nach anfänglicher Ablehnung durch den Vater und sonstiger Schwierigkeiten wird sie nun als großes Talent gepriesen, als so vielseitig begabt wie ihr Vater.

Und dann ist da auch noch Jean Sarkozy, 22 Jahre alt, der zweite Sohn des französischen Staatspräsidenten, der Jessica Seboun, ebenfalls 22 Jahre alt und Erbin einer Elektronikmarkt-Kette, heiratet.

Wer nur das gelesen hat, für den besteht eine Zeitung auch in diesen Tagen noch aus netten Nachrichten.

Manager im Spiegel der Kritik

Inzwischen brodelt es in Deutschlands Garküche in allen Töpfen. Manager kommen in die Kritik, Banker ins Gerede, die Bundesregierung korrigiert ihre Konjunkturprognosen erneut nach unten. Nur die Kanzlerin sieht weiterhin Grund zur Freude und sagt das Ende der wirtschaftlichen Talfahrt voraus, diesmal aber zeitlich ein wenig verlängert.

Prognostizierte die Regierung bisher einen Rückgang des Wachstums um 2,5 %, so sind es nun 5 % und mehr. Grund seien die Auftragseinbrüche beim Maschinenbau und in der Elektroindustrie, so sagt man. Das erste Quartal lief so schlecht, dass niemand bessere Vorhersagen wagen will. Pessimisten argwöhnen angesichts dieser Entwicklung, dass die Zahl der Arbeitslosen in kurzer Zeit um bis zu einer Million nach oben schnellen wird.

Die Manager der großen Kaufhäuser gehen guten Mutes, aber ohne gesicherte statistische Unterlagen davon aus, dass ihre ehemaligen Kunden bald wieder in großer Zahl vor ihren Toren stehen werden. Tun sie aber nicht. Sie bummeln lieber in den neuen Einkaufszentren mit breit gestreutem Angebot, mit Cafés und Restaurants, mit Kinderspielplätzen und kleiner Unterhaltung. Hier fühlen sie sich umsorgt, finden das, was ihnen gefällt, hip ist und nicht zu teuer. Ganze Schulklassen laufen an Schlechtwettertagen durch diese Zentren, um zu sehen und gesehen zu werden; Familien mit Kindern machen Einkaufsbummel.

Die ehemals bedeutsamen Innenstadt-Kaufhäuser leiden dagegen an Kundenschwund. Betrug ihr Anteil am Gesamtumsatz der Branche in den 1970er Jahren noch über 7 %, so ist er inzwischen auf 3,5 % gesunken. Selbst die Häuser der Luxusklasse geraten in Gefahr: das KaDeWe in Berlin, das Alsterhaus in Hamburg, das Oberpollinger in München. Die alten Kaufhäuser sind für eine große Kundschaft offensichtlich nicht mehr attraktiv.

So steigen denn auch die norwegischen und schwedischen Passagiere von den großen Fährschiffen in Kiel frohen Mutes in die Busse, die sie zum warmen, Licht durchfluteten, Musik berieselten Einkaufszentrum am Stadtrand bringen und weinen den alten Kaufhäusern, die fußläufig vom Quai entfernt liegen, nicht eine Träne nach. Merkt das denn keiner?

Doch, einer hat was gemerkt. Der Handelskonzern Metro zeigt Interesse an Deutschlands berühmtestem Kaufhaus, dem KaDeWe. Der Konzern will sein Tochterunternehmen Kaufhof mit den Karstadt-Warenhäusern der angeschlagenen Arcandor AG unter einem Dach vereinen, und zu diesem Paket zählt auch das KaDeWe.

Das Beispiel des Niedergangs deutscher Kaufhäuser zeigt, dass viele der verantwortlichen Manager bis zuletzt an ihre Konzepte glauben, ob das nun sinnvoll ist oder nicht. Widersprechen wird ihnen sowieso niemand, weil jeder sich das Ergebnis einer solchen Intervention ausrechnen kann. Da ihnen aber niemand widerspricht oder zumindest die volle Wahrheit sagt, fühlen sie sich bestätigt in ihrer Überzeugung, sie seien die Besten.

Aus der Krise der KarstadtQuelle AG war 2007 die Arcandor AG entstanden. Doch die beschließt im April 2009 ein Konsolidierungsprogramm mit Konzentration auf die profitablen Kernbereiche von Primondo und Karstadt. Mit einem drastischen Sparkurs und der weiteren Schließung von Standorten soll die Rettung gelingen. Wird es reichen, fragen sich die Mitarbeiter, die befürchten, dass viele Arbeitsplätze verloren gehen werden. (Nein, es reicht nicht. Ende November, mitten im Weihnachtsgeschäft, werden die Namen der Karstadt-Filialen benannt, die geschlossen werden sollen). Und auch dieses Mal, wie jedes Mal, wenn die Hütte brennt, setzt das Management auf Immobilienverkauf – Immobilien, von denen sie als Innenstadt-Kaufhäuser reichlich viele haben, aber nicht bedenkend, dass einmalige Mittelzuflüsse die strukturellen Defizite eines Unternehmens nicht beseitigen können.

Das Stabilisierungsproblem ist also auch im Falle Arcandor nicht gelöst. Die Mitarbeiter, so ist zu hören, sollen durch höhere Dreh- und Schlagzahl einen Beitrag zum Abbau der Verluste in Millionenhöhe erbringen. Die Eigentümer sollen zuschießen, die Immobilieneigner die Mieten senken, die Lieferanten die Preise, und die Regierung soll Kredite in Höhe von 950 Millionen Euro zur Verfügung stellen. Doch fehlen dann immer noch 900 Millionen für die nächsten fünf Jahre. Da aber andere Warenhausketten gute Umsätze machen, sagen Branchenkenner klar und unverhohlen, dass das Management die missliche Lage herbeigeführt habe. Zu wenig, zu zögerlich, zu ängstlich habe sich der Vorstand Thomas Middelhoff, einst Star unter den Spatzen Vorstandsvorsitzenden, auf einen konsequenten strukturellen Umbau eingelassen; nur das Tafelsilber sei verhökert worden. Und wenn das stimmt, warum wagt dann niemand in einem solchen Unternehmen auf die Strukturschwächen aufmerksam zu machen und Änderungen einzufordern? Die Eigentümer müsste doch angesichts der schwindsüchtigen Bilanzen das kalte Grauen ergriffen haben.

Weil sich bei uns trotz unverkennbarer Entfremdung eine Unkultur der kritiklosen Bewunderung von Wirtschaftsbossen eingeschlichen hat, werden diese wohl nie erfahren, was ihre Mitarbeiter wirklich von ihnen halten. Sie essen nicht in der hauseigenen Kantine, sie haben eigene Eingänge und Aufzüge, sie kennen ihre Mitarbeiter oft nicht mal vom Sehen. Ob sie deren Sorgen und Nöte kennen, aber auch deren Willen, mitzumachen zum Wohle des Unternehmens, darf daher bezweifelt werden. Sie fahren in elegante Ferienziele, sie prahlen mit ihren »birdies«, die sie auf den Golfplätzen schlagen, ihre Anzüge sind maßgeschneidert, ihre Hemden selbstverständlich auch, und die Schuhe allemal. Alles an ihnen atmet Geld, was bei ihren Schwindel erregenden Jahreseinkommen ja auch nicht verwunderlich ist.

Unsere Super-Manager beklagen das Anspruchsdenken »der Anderen«, verkriechen sich aber, wenn man sie nach ihrem eigenen gesellschaftlichen Engagement fragt. Sie finden, dass mehr Kinder geboren werden sollten, machen aber Schwierigkeiten, wenn die Mütter nach der Mutterpause wieder auf ihre alte Stelle zurück wollen. Sie finden weibliche Führungsqualitäten prima, bezahlen den Frauen aber ein Drittel weniger an Lohn als den Männern. Sie beklagen den Geburtenrückgang, aber haben nicht mal ein Gran Verständnis für Mütter, deren Kinder krank sind und die kurzfristig umorganisieren müssen, wenn ihre Kinder nicht in den Kindergarten gehen können. Sie drohen unverhohlen, wenn Mütter zu Hause bleiben, weil die Tagesmutter einmal ausfällt. Allein erziehenden Müttern gegenüber sind sie ein wandelnder Quell verständnisvoller Floskeln, aber nicht die geringste Hilfe bei der Bewältigung tatsächlicher Alltagsprobleme. Und dann sind da auch noch die nicht wenigen Fälle aktiver Bespitzelung, der Überwachung der eigenen Mitarbeiter/innen, die sie mit Kameras bis in die Umkleidekabinen und Toilettenräume verfolgen lassen. Aber auch bei ihren Kundinnen und Kunden haben sie vielfach keine Berührungsängste, wenn es darum geht, den Laden zu schützen und unter Kontrolle zu bekommen.

Es steht nicht gut um die deutschen Manager, denen man Vieles zutraut, nun aber zunehmend auch viel Schlechtes. Und langsam dämmert der Verdacht: Sie mögen Frauen nicht, weil sie schwanger werden können, weil die Kinder krank sein können, weil sie netter sind als mancher männliche Kollege, weil sie untereinander solidarisch sind, weil sie Mut haben, in brenzligen Situationen einzuspringen. Sie können Frauen und Kinder nicht lieben, weil »wandelnde Kostenstellen« in ihrem Weltbild alles zerstören. Frauen gehören nicht in Führungsetagen, sie gehören schon gar nicht in Betriebsräte. Sie stören halt, sie sind einfach eine Plage.

Dankenswerterweise, so die Sicht vieler Manager, konzentrieren sich Mädchen und junge Frauen bei ihrer Berufswahl immer noch auf eine Handvoll von Berufen mit sozialem Anspruch, aber auch mit Sackgassencharakter, was das berufliche Fortkommen auf der Karriereleiter angeht. Da stören sie nicht so sehr, dürfen aber nicht pampig werden oder gar Ansprüche stellen.

Und die Ehre – wo ist sie geblieben?

Es gibt viele Bürgerinnen und Bürger, die wissen möchten, wie alles begann, um daraus wenigstens für die Zukunft Lehren ziehen zu können. Wer trägt die Schuld an der unkontrollierten Abzockerei, die die Wirtschaft in die Schieflage brachte, derart, dass die Menschen hilflos mit ansehen mussten, wie ihre Ersparnisse wegschmolzen, wie die abgesparten Reserven für die Ausbildung ihrer Kinder sich in Rauch auflösten; Menschen, die sich krumm gelegt hatten, um ein Häuschen abzustottern und dann merkten, dass ihr Häuschen nicht mehr viel wert war? Was hat ehemals honorige Bankiers, die hohes gesellschaftliches Ansehen genossen, dazu getrieben, die traditionelle Sorgfalt über das eigene Tun über Bord zu werfen?

Es muss etwas Besonderes passiert sein, was aus vorsichtigen, abwägenden und respektierten Menschen Wesen machte, die erst durch eine genügend hohe Zahl von Nullen rechts vom Komma auf dem Konto ihrer Bezüge in Wallung gerieten und sie so zu Bewohnern einer anderen Welt werden ließ. Es ist schlicht die individuelle Gier, so hört man allenthalben. Da ist aber auch das kollektive Schielen nach Rendite, das blinde Übernehmen bestimmter Verhaltensweisen, die dem eigenen Wohl, nicht aber dem Wohl anderer und dem Gemeinwohl dienen. Die Tradition des guten Umgangs miteinander, des Einstehens füreinander, der gesellschaftlichen Solidarität ist, so scheint es, weitgehend verloren gegangen.

Die Sorge um das Gemeinwohl wurde zunehmend dem Ehrenamt überlassen, mit dem die Reparaturarbeiten an der zu Schaden gekommenen Gesellschaft ausgeführt werden dürfen.

Während die Ehrenamtler zunehmend aktiv wurden, verloren die Manager zunehmend an Bodenhaftung, Verantwortungsgefühl und Anstand; den aber fordern sie von anderen.

In Deutschland wurde so vieles, allzu vieles kopiert, was in die deutsche Alltagskultur im Grunde nicht passt. Der Egoismus erhielt Oberhand über das Gemeinwohl, Geld und Macht wurden wichtiger als Integrität und Moral. Da blieb wenig übrig vom viel gepriesenen »Modell der Sozialen Marktwirtschaft«, von der Balance von Arbeitnehmer- und Kapitalinteressen, von der Teilhabe aller am Wohlstand und öffentlichem Leben. Viel übrig blieb dagegen von Privatisierung, Deregulierung und Eigenverliebtheit, viel ungebändigter Markt, wenig Soziales. Was aber kann, wie es die Verfassung vorschreibt, aus der sozialen Verantwortung des Kapitals der Gemeinschaft gegenüber werden, wenn das Kapital und seine Vertreter die innere Immigration antreten, sich aus der realen Welt verabschieden und eine eigene, eine andere Welt schaffen?

In der sich zuspitzenden Krise gaben sie sich einige dann eine Zeitlang recht einsichtig. Nie und niemals wollten sie Geld vom Staat. Mannhaft wollten sie zu ihren Fehlern stehen und den Schaden wieder gut machen. Das schloss aber meist schon die stillschweigende Übereinkunft mit ein, von den Mitarbeitern ungefragt ein Scherflein zur Gesundung der abgewirtschafteten Unternehmen zu verlangen. So nahm sich denn mancher »Bußgang« eines Managers, auf gut gepolsterten Knien dank Abfindung und Bonuszahlung, eher wie ein Spaziergang in eine unbekannte Welt aus. Dennoch ist es nicht so, dass niemand merkt, wie es an allen Ecken knirscht, wie alte Eliten sich lächerlich machen, selbst wenn sie noch Kraft genug haben, neue zu verbeißen. Es mag auch hier und da Hoffnungsschimmer für einen Wandel in Wirtschaft und Gesellschaft geben, doch die FRANKFURTER RUNDSCHAU kam mit dem Leitartikel »Das Ende einer Epoche« gewiss zu früh.

Zu Recht waren die Deutschen lange Zeit auf ihr Modell der Sozialen Marktwirtschaft stolz, ein System, das von allen verlangte, nicht auch die letzte Karte Gewinn maximierend auszuspielen, und das darauf ausgelegt war, gesellschaftliche Brüche zu vermeiden und finanzielle Klüfte nicht eintreten zu lassen. Mitbestimmungs- und Mitspracheregeln galten als vorbildlich und die Einbeziehung der Arbeitnehmer und der sie vertretenden Gewerkschafter wurden als nachahmenswertes gutes Beispiel gelobt, um den sozialen Frieden zu wahren. Der katholisch-rheinische Kapitalismus galt nicht als liebevoll, aber behutsam, versuchte Konflikte nicht mit der Axt, sondern mit guten Argumenten zu lösen. In Deutschland wurde weniger als anderswo gestreikt, Tarifverhandlungen galten nicht als Vorstufe zur Hölle. Eine große Bindung an den Betrieb, in dem man arbeitete, war kein gewerkschaftliches Einknicken, sondern war erwünscht, weil diese Bindung dazu beitrug, sich »für den Laden verantwortlich zu fühlen«. Sozialpolitik war nicht nur ein Kostenfaktor in der Bilanz.

All dies, so scheint es, ging verloren. Raue Sitten, raue Sprache, rauer Umgang machten sich breit. Wozu die Sozialpflichtigkeit des Kapitals, wie sie im Grundgesetz postuliert wird? Nichts als romantische Flausen. Es wird schon gute Gründe geben, dass einige in Palästen wohnen, während andere in Behausungen vegetieren, von Suppenküchen und »Tafeln« leben, Platte putzen und mit ihrer bloßen Anwesenheit ihre Mitmenschen plagen, und zwar das Auge, nicht das Gewissen.

Es ist kälter geworden in Deutschland, und viele spüren das als Herabsetzung, als Verachtung und Ablehnung. Es schmerzt sie, dass man sie jahrelang nicht wahrnahm und nun klagt, sie seien ja immer noch da, müssten von der Gemeinschaft durchgefüttert werden. So würde es denn wundern zu erfahren, dass unsere Manager Bonuszahlungen und Abfindungen nicht nur rechtens finden, weil sie so viel mehr als andere leisten, sondern weil es sie ärgert, dass »die da« ihrer Verpflichtung zur Mehrung des nationalen Reichtums nicht nachkommen. Die »Totengräber der Sozialen Marktwirtschaft«, wie der Wirtschaftsethiker Ulrich Thielemann sie nennt, fühlen sich allen anderen so überlegen, weil ihr Koordinatensystem sie immer im Mittelpunkt der uns bekannten Welt verortet.

Internationale Initiativen:
starke Institutionen, mehr Geld

Mit etwas bänglicher Freude werden die Ergebnisse des jüngsten G20-Gipfels kommentiert. In London war der Internationale
Währungsfonds (IWF) gestärkt, dem Protektionismus eine Absage erteilt und der Regulierung der globalen Finanzmärkte ein
Vorfahrtsschild gezeigt worden. Das waren Absichtserklärungen,
die man drei Monate vorher noch nicht hatte erwarten können,
als alle Staaten ihre jeweiligen Jagdgebiete noch verkniffen ver-
teidigten. Die Institutionen sollten gestärkt, die Kontrollinstru-
mente geschärft werden. Und zarte Zweifel an der Funktions-
tüchtigkeit des Marktsystems waren formuliert worden.

Der Reparatur der internationalen Finanzmärkte galt die
besondere Aufmerksamkeit, während andere globale Probleme
vergessen oder verschoben wurden, vor allem das Klimaproblem.
Doch selbst wenn das, was in London beschlossen wurde, ein gewisses Wohlwollen erregt, so gilt es doch zu bedenken, dass international vereinbarte Beschlüsse von Nationalstaaten umgesetzt
werden müssen, und deren Interessen sind unterschiedlich und
werden auch weiterhin höchst heterogen sein. Eine Chance der
Krise besteht immerhin darin, dass die Rolle des Staates gegenüber dem Markt neu definiert wird, weil die Krise ja nicht nur die
Schwächen des Marktes, sondern auch die des Staates aufzeigt.

Lange vertrauten die politischen Akteure auf den altbekann-
ten Instrumentenkasten der Wirtschaftspolitik, auch wenn die
negativen Folgen für die Umwelt, das Klima, die Rohstoffreser-
ven, die Verteilungsgerechtigkeit allzu offensichtlich waren. Nun
soll es um neue Regeln gehen, nun setzt die Gruppe der G20 auf
neue Konzepte. Es sieht nach einem Neuanfang aus. Auch die
US-Administration setzt auf Kooperation, der neue Präsident
Obama stellt sich demonstrativ in die zweite Reihe. Die neugie-
rigen Beobachter atmeten auf, weil ein gewisses Gemeinschafts-
gefühl für das finanz- und wirtschaftspolitische Geschehen auf
der Welt erreicht wurde, ein Stück gemeinsamer Verantwortung,
ein Stück gemeinsamen Schuldeingeständnisses und gemeinsamer Wertvorstellungen.

Der Ärger über die Banken, die das ihnen nicht zustehende
aber zur Weiterleitung an die Unternehmen bestimmte Geld

allein verdauen wollen, wächst. Die Banken, so heißt es, sollten das tun, wozu sie da sind. Sie sähen sich nicht als Helfer und Wasserträger für die Realwirtschaft, sondern lüden Last um Last auf deren Schultern. Einen wirtschaftlichen Aufschwung gebe es nur mit einem gesunden Finanzsystem, mahnte dann auch der Präsident des Bundesverbandes der deutschen Industrie auf der Hannover Messe. Dabei ist in Deutschland bisher nur eine Minderheit der Unternehmen von einer Kreditklemme betroffen, so die jüngste Untersuchung der Gesellschaft für Konsumforschung in Nürnberg. Eine flächendeckende Kreditklemme gäbe es nicht, aber es gibt viele Unternehmen, die nur noch schwer oder gar nicht an frisches Geld herankommen. Dennoch sei es möglich, dass die »gefühlte Betroffenheit« eine andere ist als die reale.

In der Diskussion über das Thema Kreditklemme bezeichnen die Wirtschaftsverbände aber, quasi als Dank, jede stärkere Regulierung, jeden geplanten staatlichen Eingriff in das Bankensystem als linkes Machwerk. Helfen da die Ermahnungen des Bundespräsidenten? Wem bescheinigt wurde, wegen angeblicher »Systemrelevanz« höchste Stützung politischer und finanzieller Art verdient zu haben, mag die Realität weiterhin so sehen, wie er sie sehen will. Doch der Druck wächst, nicht nur auf der nationalen, sondern auch auf der internationalen Ebene.

New Deal und »Green New Deal«

Der Begriff »New Deal« steht historisch für eine Reihe von Wirtschafts- und Sozialreformen in den USA, die mit massiven staatlichen Interventionen die Binnenkonjunktur ankurbeln und die durch die Weltwirtschaftskrise der dreißiger Jahre verursachte Massenarbeitslosigkeit und Massenarmut beseitigen sollten. Unter Präsident Hoover war die Arbeitslosigkeit von 3,2 Millionen im Jahre 1930 auf 13,2 Millionen im Jahre 1933 gestiegen. In kürzester Zeit, zwischen März und Juni 1933, unterzeichnete der neue Präsident Franklin D. Roosevelt zahlreiche Gesetze zur Regulierung der Märkte, gefolgt von einer Fülle von konkreten Maßnahmen, die die Wirtschaft stabilisieren und beleben sollten.

Zunächst nahm man sich der Bekämpfung unsolider Banken an, deren Widerstand durch die öffentliche Anhörung seitens der »Banking and Currency Commission« gebrochen wurde, die nicht nur geschäftliche Schiebereien durchleuchtete, sondern auch massive Steuerhinterziehungen aufdeckte. Neben der Banken- und Börsenüberwachung kam es dann zu vielfältigen weiteren Maßnahmen, wie unter anderem: Verkürzung der Arbeitszeit und Erhöhung der Löhne; Anerkennung der Tarifhoheit der Gewerkschaften; Mindestlöhne für Industriearbeiter; Steuersystem mit niedrigen Sätzen für Arme und hohen Sätzen für Reiche; Mindestpreise für Agrarprodukte bei gleichzeitiger Reduzierung der landwirtschaftlichen Produktion; Freiwilliger Arbeitsdienst zur Aufforstung und Bodenverbesserung; Gebäude- und Infrastrukturinvestitionen massiven Umfangs, wofür eigens die Civil Works Administration geschaffen wurde; Einrichtung der Tennessee Valley Authority, die mit dem Bau von 20 Staudämmen betraut war und mit der die öffentliche Hand zum Energieversorger wurde.

Mit dem New Deal wurde zum ersten Mal in den USA von Seiten der Regierung massiv in die Marktwirtschaft eingegriffen. Er gilt seither als markantes Beispiel einer unter staatlicher Regie durchgeführten Transformation einer schwerwiegenden Krise.

Konzeptionell betrachtet war der New Deal eine Mischung aus Konjunkturpolitik und Strukturpolitik und ein Umschwung vom Prinzip der Deregulierung hin zur staatlichen Regulierung der Wirtschaft. Dieser Ansatz zur Lösung großer ökonomischer und sozialer Probleme hatte Erfolg, und doch wurde er schnell auszubremsen versucht. Im Januar 1935 erklärte das Oberste Gericht einen Teil der New Deal-Gesetze für verfassungswidrig; bis Mai 1936 verwarf es elf weitere Gesetze, darunter die Mindestlohnregelung und die Höchstarbeitszeit. Die USA waren damit aus einer Wirtschaftskrise in eine Verfassungskrise geraten.

Im November 1936 aber wurde Präsident Roosevelt mit überwältigender Mehrheit wiedergewählt. Das Oberste Gericht konnte mit neuen Richtern besetzt werden, der New Deal fand in der Folgezeit auch auf Seiten der Justiz die notwendige Unterstützung. Der New Deal: ein gutes Vorbild für einen »Green New Deal«?

Der Begriff New Deal ist ein Idiom der englischen Sprache und bedeutet so viel wie »Neuverteilung der Karten«. Die Karten müssen neu verteilt werden, wenn Krisen wirklich beseitigt werden sollen. Das klingt schon in Deutsch ganz gut. Um wie viel besser aber im Englischen:

»Seal a Deal« – so lautet der Titel einer mitreißenden Rede des UN-Generalsekretärs Ban Ki-moon beim World Business Summit am 24. Mai 2009 in Kopenhagen, in der er den Klimawandel als die zentrale Herausforderung unsere Zeit bezeichnet und die Wirtschaft, die Zaunsteher und die Skeptiker herausfordert: »Seal the deal to protect our planet. Seal the deal for a cleaner, greener and more sustainable global economy«!

Erstmals hatte der Ökonom Thomas L. Friedman im April 2007 in zwei Aufsätzen in der *New York Times* vom »Green New Deal« gesprochen. Der Begriff wurde dann von einer Arbeitsgruppe aufgenommen, deren Bericht im Juli 2008 erschien unter dem Titel: »A Green New Deal: Joined-up policies to solve the triple crunch of the credit crisis, climate change and high oil prices«, also: integrierte Politik zur Lösung dreier simultaner Herausforderungen: Kreditkrise, Klimawandel, hohe Ölpreise.

Zur globalen Verbreitung des Begriffs und des Konzepts trug dann UNEP, das Umweltprogramm der Vereinten Nationen entscheidend bei, dessen Direktor, Achim Steiner, im Oktober 2008 die Initiative »Global Green New Deal« startete. Die Vorstellung ist, mit sauberen, grünen und nachhaltigen Produkten und Technologien einen durchgreifenden Strukturwandel der Weltwirtschaft zu erreichen, der eine gefährliche Klimaänderung verhindern und deren tatsächliche Folgen eindämmen kann. Soviel zur Genese des Begriffs.

Wer Begriffe frühzeitig besetzen kann, ist in einer strategisch günstigen Position. Das damit verbundene Konzept ist allerdings nicht ganz so jung, wie manche meinen. Es finden sich viele vorausgehende Überlegungen dieser oder ähnlicher Art, weil ja weder die Finanz- und Wirtschaftskrise noch die Klimakrise als solche völlig neue Phänomene sind. Und so wird man denn an zahlreiche Arbeiten erinnert, die ganz oder teilweise den konfliktreichen Spannungsbogen von Ökonomie und Ökologie ausgeleuchtet haben.

Ein solches Konzept, das in Deutschland entwickelt wurde, heute aber außerhalb des Landes besser bekannt zu sein scheint als innerhalb, heißt »Ökologische Modernisierung«. Dieses Konzept wurde breit, aber auch enger ausgelegt. Während es den einen dabei um eine umfassende Ökologisierung von Wirtschaft und Gesellschaft ging, verstanden andere darunter nur die Entkoppelung von Energieverbrauch und Bruttoinlandsprodukt.

Ein anderes Konzept ist das des »Sustainable Development«, der »Nachhaltigen Entwicklung«. Grundsätzlich gedacht zur Integration von Natur und Wirtschaft, von Umweltschutz und sozial-ökonomischer Entwicklung, geriet es in der praktischen Auseinandersetzung zu einem Spielfeld von Einzelinteressen, die den integrativen Charakter des Konzepts mehr und mehr verschwimmen ließen. Es begann mit dem Disput über »Starke *oder* Schwache Nachhaltigkeit«, dem die völlige Auflösung des ganzheitlichen Ansatzes folgte, als die einen von »Ökonomischer Nachhaltigkeit«, die anderen von »Sozialer Nachhaltigkeit« zu fabulieren begannen, so als hätte es die kardinale Erkenntnis der notwendigen Integration des Denkens und Handelns nie gegeben.

Es gab aber auch die Suche nach strategischen Ansatzpunkten der Transformation einer im Konflikt mit der Natur sich befindenden Wirtschaftsgesellschaft. Und so wurde die Trias von »Effizienz«, »Suffizienz« und »Konsistenz« geboren: Wir müssen besser, genügsamer und klüger werden im Umgang mit der Natur als wirtschaftlicher Ressource und der natürlichen Umwelt als Senke menschlicher Emissionen.

Die Effizienzstrategie wurde allseits aufgegriffen, von Wirtschaft, Politik und Wissenschaft, von Links und Rechts und besonders von der Mitte. Die Suffizienzstrategie aber überließ man einer kleinen Minderheit, einem der zehn Sinus-Milieus, den Vegetariern, den Philosophen des Wuppertal-Instituts, Jakob von Uexküll und seinem Weltzukunftsrat; zu einem gleichwertigen Ansatzpunkt der Politik wurde Suffizienz jedenfalls nie. Und Konsistenz wurde nicht recht verstanden; hierzu entstand erst gar keine hinreichende Kommunikation.

Man muss diese Verwässerungen des ökologischen Diskurses erwähnen, weil sich dieser Fall wiederholen könnte. Auch »Green New Deal«, das in der jetzigen Krise so nahe liegende

Konzept, könnte am Widerstreit der Interessen und/oder am Mangel an Wissen scheitern. Nicht nur, dass dieser Deal auch noch global ist und sein muss, und so vor allem an der Gerechtigkeitsfalle scheitern kann. Nein, es besteht auch die Gefahr des vermeintlichen Konsens: Man gibt vor, dafür zu sein und ist doch insgeheim nur am Fortbestand des Gewohnten interessiert. Zwei Positionen gilt es daher besonders zu beachten und zu beobachten: den Marktradikalismus zur Meisterung der Umweltproblematik und das »Greenwashing«, die vermeintliche Reinwaschung der schmutzigen Wirtschaft und die nur angebliche Neuausrichtung des Kapitalismus.

Wir sollten also nicht davon ausgehen, dass ein »Green New Deal« schon bei uns und anderswo mehrheitsfähig und auf Erfolgskurs ist. Andererseits sind Mechanismen in Gang gesetzt, die ihn begünstigen, allen voran die internationale Klimapolitik. Zwar hat auch der UN-Klimagipfel in Kopenhagen (die sog. COP 15) noch keinen Durchbruch hin zu einer effektiven Politik der Eingrenzung des Klimawandels (*mitigation*) und der Anpassung an den Klimawandel (*adaptation*) gebracht, doch die Wissenschaft hat ihre Bringschuld geliefert: mit den Szenarien des Klimawandels, über die politisch entschieden werden kann (IPCC-Bericht 2007); mit der Ermittlung der Kosten, die mit dem Klimawandel einerseits und dessen Bekämpfung andererseits verbunden sind (Stern-Report 2006) und mit dem Budgetansatz, der auf Fairness angelegt ist und zugleich Weichen in Richtung einer klimaverträglicheren Weltwirtschaft stellt und damit einem Global Green New Deal entspricht (Wissenschaftlicher Beirat Globale Umweltveränderungen – WBGU 2009).

Über den 4. IPCC-Sachstandsbericht und den Stern-Report ist bei uns viel diskutiert worden, das Gutachten zum Budgetansatz ist aber noch neu und wenig bekannt. Der WBGU geht davon aus, dass die weitere globale Erwärmung auf $2.^\circ$ Celsius begrenzt werden muss, um verheerende Folgen des Klimawandels zu vermeiden. Dieses Ziel kann mit hoher Wahrscheinlichkeit nur erreicht werden, wenn bis 2050 weltweit nicht mehr als 750 Milliarden Tonnen Kohlendioxid zusätzlich emittiert werden. Wenn man im Rahmen eines solchen Globalbudgets das Prinzip der absoluten Klimagerechtigkeit einführt, also jedem Menschen auf der Erde gleiche Emissionsrechte einräumt und diese gemäß der Bevölkerungsstärke auf die einzelnen Staaten verteilt, ergeben sich daraus die nationalen Emissionsbudgets. Auf der Grundlage dieser gerade noch erlaubten nationalen Emissionsmengen müssen Strategien und Maßnahmen für eine klimaverträgliche Wirtschaftsweise und einen das Klima schonenden Lebensstil entwickelt werden, von Energie- und Materialeffizienz über Erneuerbare Energien bis zu ökologischer Mobilität und ethischem Konsum.

Gegenwärtig werden weltweit rund 30 Milliarden Tonnen CO_2 jährlich emittiert. Würde sich dieses Emissionsniveau fortsetzen, wäre das Globalbudget also schon in 25 Jahren aufgebraucht. Was Deutschland angeht, würde das Budget für die Jahre 2010 bis 2050 rund 9 Milliarden Tonnen betragen und in den nächsten zehn Jahren aufgebraucht sein. Das US-Budget würde nur noch sechs Jahre reichen, das von China immerhin 24 Jahre.

Mit Hilfe eines globalen Emissionshandelssystems können Defizit- und Überschussländer miteinander verknüpft werden. In dem Umfang, wie die Industriestaaten die notwendige Verringerung ihrer Emissionen aus eigener Kraft nicht schaffen, müssen sie Emissionsrechte von den Entwicklungsländern zukaufen. Damit wären Anreize für eine ökologische Transformation von Wirtschaft und Gesellschaft gesetzt, wo sie am stärksten spürbar sind: im eigenen Portemonnaie, im betrieblichen und staatlichen Budget.

Das Gutachten des WBGU macht es deutlich: In Bezug auf das 2°-Ziel der Klimapolitik ist die Weltwirtschaft auf dem Weg in die CO_2-Insolvenz. Für die Industrieländer ist eine »Weiterso-Politik« also keine Option mehr, auch nicht für Deutschland.

Kontrollverlust, Ratingagenturen und Latexhandschuhe

Die aktuelle Finanzkrise begann mit einem Absturz, der die Frage nahelegt, ob er nicht hätte vorhergesehen werden können. Wenn ja, dann wäre zu fragen, ob die primär zuständigen Entscheidungsträger – die staatlichen Kontrollgremien, die Wirtschaftsprüfer, die Ratingagenturen – ihren Pflichten nachgekommen sind. Ob sie wirklich alle notwendigen Informationen erfragt und geprüft haben. Ob sie sich haben erklären lassen, welche Sicherheiten sich zur Abdeckung rasanter Kredite in den Portfolios der Banken befanden.

Niemand, so scheint es, hat ein richtiges Interesse an Aufklärung: die Vorstände nicht, weil das unter anderem ihre persönliche Einkommen betreffen würde; die Aufsichtsräte nicht, weil sie oft als frühere Vorstände Richtung und Geschwindigkeit des Geschehens mit vorgegeben haben; die staatlichen Kontrollstellen nicht, weil alles so kompliziert war, und erst recht nicht die Ratingagenturen, die die Rolle des Großen Schiedsrichters spielten und weiter spielen wollen. Senken sie den Daumen, dann sinken die Konditionen auf dem Markt, und das kann bis hin zur Existenzvernichtung gehen.

Die hohe Geschwindigkeit und die Fallstärke, mit der Immobilienpreise und Aktienmärkte abstürzten, erinnert stark an die große Krise von 1929. Und daran wird nun auch munter erinnert, obwohl damals vieles anders war als heute. Beispielsweise kollabierten die Banken als letzte, erst in den frühen 1930er Jahren, nicht als erste.

Eine andere Ungereimtheit besteht darin, dass die Unternehmen laufend ihre Zahlen korrigieren müssen und so zur weiteren Verunsicherung beitragen. Die HRE-Bank gab für 2008 zunächst einen Fehlbedarf von 5,4 Milliarden Euro an. Das war die Basis für die Entscheidung des Bundes, bei der Rettung der Bank einzusteigen und eine spätere Übernahme einzuplanen. Am 29. September 2009 wird für die HRE dann ein Rettungspaket von 35 Milliarden Euro geschnürt, das schon wenige Tage später, am 5. Oktober, auf 50 Milliarden aufgestockt wird.

Was also haben die zuständigen Kontrollorgane in dieser Zeit gemacht? Wussten die Vorstände nicht, was da ablief, weil sie es nicht wissen wollten? Waren die Produkte so exotisch, dass man es nicht wissen konnte? Oder tanzten ihnen die zuständigen Abteilungen auf der Nase herum, weil sie nichts zu befürchten hatten?

Am 27. März 2009 behauptet die Commerzbank, mit 378 Millionen Euro Verlust vor Steuer davonzukommen. Opel und Schaeffler kommen mit ihren roten Zahlen heraus. Nervosität macht sich breit, denn mit den Problemen dieser und anderer großer Unternehmen wächst auch die Sorge über die Entwicklung des Arbeitsmarktes.

Es gibt Studien, mit denen versucht wird, aus vergangenen Finanzkrisen Erkenntnisse darüber zu erlangen, wie die aktuelle Krise ablaufen wird. Ob ein Zeitraster mit verschiedenen regionalen Bezügen und Indikatoren über den Verfall von Häuserpreisen, den Zusammenbruch der Aktienmärkte, über steigende Arbeitslosigkeit, sinkendes Bruttoinlandsprodukt und steigende Staatsverschuldung als Handlungsanweisung für Politik und Wirtschaft wirklich nützlich ist, mag man bezweifeln. Aber es ist immer noch besser, auch vor dem Hintergrund nicht völlig abgesicherter Zahlen einen Abwehrplan aufzustellen als abzuwarten, was noch so passieren könnte. In einer weithin globalisierten Wirtschaft sind unternehmerische Entscheidungen zunehmend schwerer zu treffen, nicht alle Folgen einer Entscheidung sind verlässlich abschätzbar. Die Globalisierung wurde massiv voran getrieben, weil größere Märkte größere Umsätze und Gewinne versprechen, weil Gewinne durch Umbuchungen und Verlagerungen für den Fiskus in größerem Umfang unsichtbar gemacht werden können, weil die Arbeitnehmer international gegeneinander ausgespielt werden können. Und die vermeintlich unumstößliche Notwendigkeit des permanenten Wachstums schien nur auf diese Weise durchsetzbar. Was, warum und wo wachsen sollte, diese Fragen wurden nicht gestellt, ebenso wenig wie Fragen nach den sozialen und ökologischen Kosten dieser Wachstumsstrategie.

Es fällt auf, dass es vielfach alteingesessene Firmen sind, die vom Markt verschwinden. Rosenthal, Hutschenreuther und Thomas sind aber nicht aus Versehen von der britischen Firma Wedgewood aufgekauft worden. Ein wesentlicher Grund dafür dürfte, neben der möglichen Markterweiterung, die Abschottung des eigenen Marktes gewesen sein. Da heutzutage fast jede große unternehmerische Entscheidung durch staatliche Subventionen und Steuernachlässe begleitet wird, ist die Allgemeinheit an diesen Investitionen gewollt oder ungewollt, wissend oder nichts ahnend beteiligt. Ob da nicht auch der Hochmut den Glauben hat wachsen lassen, dass das Markenzeichen »Made in Germany« als Werbemittel zu genügen hat, kann man zwar nur vermuten, abwegig aber erscheint das nicht.

Globalisierung bedeutet in der Regel größere Märkte, es bedeutet aber auch, sich neu aufstellen zu müssen, mit neuer Logistik, neuen Produkten und Technologien. Es bedeutet, Mitarbeiter zu schulen und es bedeutet, sich einzustellen auf Wertvorstellungen, die nicht die eigenen, sondern die der neuen Marktteilnehmer sind. Dies ist eine Herausforderung für eine Gesellschaft, die sich viele eigene Defizite zurechnen lassen muss.

Das deutsche System betrieblicher Ausbildung, überall gelobt und häufig übernommen, wird mehr und mehr ergänzt um schulische Ausbildung, weil nicht alle eine passende Ausbildungsstelle bekommen. Das deutsche Schul- und Hochschulwesen ist nicht mehr durchgehend wettbewerbsfähig und zwingt zu einer Diskussion, welche ausländischen, gut geschulten und trainierten Fachkräfte bei uns arbeiten können sollten. Sprachkenntnisse sind anderswo fundierter und die Frage »Wie haltet Ihr es mit den Frauen?« wird anderswo vielfach zufriedenstellender beantwortet. Es reicht nicht mehr aus, in Sonntagsreden zu flöten »Frauen verkörpern moderne Managementstrukturen besser als Männer« und am Montag die berufliche Wirklichkeit von Frauen negativ zu gestalten, indem man ihnen Chancen verweigert.

Wenn alles sich ändert, ändern sich auch der Rahmenbedingungen wirtschaftlichen Handelns. Auch Banken müssen neue Produkte erfinden, auf neuen Märkten Fuß fassen, wenn sie im Wettbewerb bestehen wollen. Am schnellsten geht das, so scheint es, wenn bekannte Produkte ein wenig umfrisiert werden, einen neuen englischen Namen bekommen und als des Kaisers neue Kleider angepriesen werden. Das trompetet man am besten nicht laut heraus, besser ist es, den Anschein zu erwecken, es handele sich um etwas völlig Neues. Das ist die große Stunde der Berater, das ist der Auftritt der Vertreter von so genannten Ratingagenturen.

Wer je diese neuen, meist jünglinghaften Exekutoren der Finanzwelt mit ihrem geklonten Auftreten, vom Haar-Gel bis zum dunklen Businessanzug, aus der Nähe erlebt hat, mit ihrer genormten Sprache, ihren Ticks und Spleens, ihrem Glauben an die eigene Unfehlbarkeit und der Unbarmherzigkeit, mit der sie den bestrafen, der ihren Prophezeiungen nicht folgt, der hat eine Lehrstunde fürs Leben erfahren. Er könnte aber auch eine Ahnung davon bekommen haben, dass es gelegentlich besser sein kann zu schweigen und sich nicht auf Auseinandersetzungen einzulassen. Denn die Ratingagenten sitzen immer am längeren Hebel und zögern nicht, diesen auch zu benutzen. Ihre Doppelfunktion als Anlageberater und Bankkontrolleur erlaubt es ihnen, beliebig oft aus der Haut zu fahren, ohne einen Dämpfer befürchten zu müssen. Schließlich sind sie es, die Repressalien in Form von korrigierten Noten über die Bonität eines Bankinstituts anwenden können.

So wurde den öffentlich-rechtlichen Banken in Deutschland vorgeworfen, dass ihr Derivate-Handel für gute Benotungen (*ratings*) zu ärmlich sei. Wer sich nicht in der einen oder anderen Form an Hedgefonds beteiligte (zunächst gesetzlich nicht erlaubt, erst durch Bundesfinanzminister Eichel als Einlösung eines Versprechens seinen internationalen Fachkollegen gegenüber durch Parlament und Bundesrat gepeitscht) musste mit Bestrafung durch die Ratingagenturen rechnen. Und da oft schon die Absenkung um kleinste Prozentsätze durch diese Agenturen vielen wie ein »An-den-Pranger-stellen« vorkam, machten (fast) alle mit: die Wirtschaftsprüfer, die Vorstände, die Aufsichtsräte und auch die für die Kontrolle der Banken zuständigen staatlichen Behörden. Es war ja nicht verboten, sich dieser neuen Produkte zu bedienen und den Kunden attraktive, »narrensichere« und »bombenfeste Investments« anzubieten, die ihnen Renditen versprachen, wie es sie noch nicht gegeben hatte.

Und ein Menschliches, allzu Menschliches kam oft noch hinzu. Wer hätte nicht gerne hohe Zinsen ohne Steuern? Und wenn die isländische Regierung, der Zentralbankpräsident und der Finanzminister es zulassen, dass das bei ihnen angelegte Geld sich wie wundersam vermehrte, dann kann es ja nicht falsch sein, auf die Boys zu hören.

Nun aber ist es so, als habe jemand den Stöpsel aus der Badewanne gezogen. Alles kommt in Bewegung, verschwindet gluckernd im Abfluss, kann nicht mehr aufgehalten oder kontrolliert werden. Auch die Manager, oft von Presse und Publikum wie »Wirtschaftswunderheiler« verhätschelt, in Talkshows im Schongang um ihre Meinung befragt (die sie gern in immer wiederkehrenden Klischees äußern), erleben nun eine Überraschung nach der anderen. Man ist hinter ihnen her, sogar der

Bundesnachrichtendienst. Es ist, als habe jemand laut, unaufgeregt aber bestimmt festgestellt, dass der Kaiser gar keine Kleider anhat, dass er nackt ist.

Die Herren, die solchen Umgang nicht gewohnt waren, von daher auch nicht gleich eine brauchbare Gegenstrategie entwickeln konnten, tragen nun kräftig dazu bei, einen schlechten Eindruck zu hinterlassen.

Dennoch: in der Presse sind andere Dinge wieder mal viel spannender. Die Ergebnisse der Bayernwahl sind ein Thema, von dem jeder etwas versteht und zu dem jeder eine Meinung hat. Als kleiner Sparer kommt man ja sowieso nicht in die Sphären, in denen sich die Machenschaften von Investment-Bankern abspielen. Die Latexhandschuhnummer der Gabriele Pauli scheint jedenfalls mehr Spaß zu machen, als die Betrachtung der Funktionsweise von Hedgefonds. Und nicht wenige interessieren sich mehr für die Frage, ob sie ins Europaparlament kommt, wo ja demnächst der Stoiber, dem sie so übel mitgespielt hat, die Bürokratie abbauen soll. Und wird Monika Hohlmeier, Tochter von Franz Josef Strauß und ebenfalls mit Stoiber über Kreuz, da sie nun nicht in den bayerischen Landtag kommen wird, wenigstens Spitzenkandidatin auf der Europaliste ihrer Partei? All das ist spannend, jedenfalls für viele. Und lenkt davon ab, wichtigere Fragen zu stellen.

Ein spektakuläres Krisenexempel: die HSH Nordbank

In Schleswig-Holstein ist man einiges gewohnt und Skandale hauen niemanden gleich um. Aber was in und mit der ehemaligen Landesbank und heutigen HSH Nordbank passiert, das lässt selbst in sich ruhende Landsleute aufmerken. Das Schicksal dieser Bank entscheidet mit über Wohl und Wehe ihres Landes. Und nach Ansicht vieler sind die Karten so schlecht verteilt, dass dem Land Schaden droht.

Wie konnte es passieren, dass die HSH Nordbank ins Trudeln geriet? Wer hätte sich dem Tsunami entgegenstemmen können, der ins Parlament schwappte und die Regierung überrollte?

Die CDU-Fraktion, entsetzt über die halbherzigen, teilweise sogar dilettantischen Versuche der Regierung, wieder Herr der Lage zu werden, verfiel in hektische Aktivitäten und legte ihrem Ministerpräsidenten nahe, weit reichende personelle Änderungen vorzunehmen, um nicht selbst im Strudel weggerissen zu werden. Untergangsstimmung allenthalben. Doch was hatte das Desaster ausgelöst?

Zunächst hieß es in den Verlautbarungen der Bank, man habe alles im Griff. Große Freude und Dankbarkeit ob dieser schönen Nachrichtenlage, Lob und Vertrauen von fast allen Seiten. Anders als bei den Landesbanken in Sachsen, Bayern und Baden-Württemberg kaum Abschreibungsbedarf, bestenfalls ein paar Milliönchen, aber das sei es dann auch. Alles leicht zu stemmen – *no problem!*

Innerhalb kürzester Zeit konnten die Schleswig-Holsteiner dann die Geburt eines Flaschengeistes beobachten, der über dem Land hing und von Stund zu Stund größer und größer wurde. Aus den Milliönchen wurden Millionen, aus den Millionen binnen zweier Wochen eine Milliarde, und das war noch immer nicht das Ende der Fahnenstange.

Insgesamt 3 Milliarden Euro mussten die Landesregierungen von Hamburg und Schleswig-Holstein schließlich aktivieren, um die Bank vor dem Kollaps zu bewahren; weitere 10 Milliarden Euro wurden als Garantie benötigt. Das ist mehr Geld, als Hamburg und Schleswig-Holstein je werden stemmen können, wenn es zum Schlimmsten kommt. Wenn passiert, was einige befürchten, dann ist Schleswig-Holstein finanziell am Ende. Die Tragik aber ist, dass das Land früher am Ende gewesen wäre, wenn diese Transaktionen nicht stattgefunden hätten. Die HSH Nordbank wäre pleite und Schleswig-Holstein müsste 64 Milliarden Euro als Gewährträger auftreiben, um Forderungen abzulösen.

Also Augen zu und durch. Die Zahlen sind bekannt, jetzt braucht man ein solides Krisenmanagement und ein überzeugendes Konzept, damit die Operation gelingen kann. Zunächst jedoch tritt der langjährige Vorstandsvorsitzende der HSH Nordbank, Hans Berger, zurück. Dann wird, mitten in der Krise, durch Zeitungsberichte eine millionenschwere Ausschüttung auf stille Beteiligungen handverlesener Investoren bekannt. Es kommt zum öffentlichen Eklat, weil es sich um Staatsknete handelt, die an einige wenige ausgeschüttet werden soll, während die Anteilseigner, die die gesamte finanzielle Last auf ihren Schultern spüren, nichts bekommen sollen. Der neu ernannte Vorstandsvorsitzende Nonnenmacher lässt seine Befürwortung der Aktion über die Zeitungen verbreiten, während Ministerpräsident Carstensen sich von seinem Regierungssprecher und Berater zu einer Strategie des Schweigens im Landtag überreden lässt. Dann aber überschlagen sich die Ereignisse. Der Finanzminister von Schleswig-Holstein gibt im Landtag kund, dass kein Cent ausgeschüttet sei, nur um sich wenig später zu korrigieren: 7 Millionen Euro seien es doch schon gewesen, und noch eine Million obendrauf. Die falschen Zahlen des Ministers stammten aus Informationen des Bankenvorstands, der aber nur bekannt gab, was eh schon bekannt war. Zur Zahlung der insgesamt vorgesehenen 264 Millionen Euro kam es dann nicht mehr, aber allein die Zumutung, hohe Summen an Steuergeldern zur Rettung der Bank zu fordern und gleichzeitig hohe Ausschüttungen zu beschließen, trieb den Abgeordneten die Zornesröte ins Gesicht. Der Ton im Landtag wurde rauer, ein Untersuchungsausschuss wurde eingerichtet, und wieder einmal war das Land im Zentrum des bundesdeutschen Interesses, aber nicht der positiven Art.

Dem STERN werden Protokollnotizen des bankinternen Risikoausschusses zugespielt. Darin heißt es unter anderem: »Im Verlauf des vierten Quartals 2007 haben unterschiedliche Prozessschwächen in dem Risikosteuerungsprozess für Kapitalmarktgeschäfte zu operationellen Schäden geführt.« So seien bei einem der Investmentgeschäfte 96 Millionen Euro verloren gegangen. In dem Papier werden weiterhin nicht ausreichende Überwachungsinstrumente und fehlerhafte Bewertungen im Risikocontrolling genannt. Und als ob das alles nicht schon genug sei, ist dem Papier auch zu entnehmen, dass Teile des Aufsichtsrates bereits im Dezember 2007 über diese Tatsachen informiert worden waren. Die Opposition läuft zur Hochform auf, weil der Landtag noch im Juli 2008, als schon bekannt war, zumindest den Insidern, wie es um die Bank stand, einer Kapitalerhöhung von 800 Millionen Euro zugestimmt hatte.

Es mag müßig sein, zu spekulieren, ob der Landtag dieser Kapitalerhöhung in Kenntnis aller Information zugestimmt hätte. Auf jeden Fall aber hätte ein parlamentarisches Gremium danach zu fragen gehabt, welche Konsequenzen der Vorstand, die Bankenaufsicht, die Politik zu ziehen gedenke. Reicht es, wenn einer geht und alle anderen so weiter machen? Welche Instrumente braucht der Aufsichtsrat, um mit solchen Informationen verantwortungsvoll umgehen zu können? Sind die Mitarbeiter in den Ministerien in der Lage, die zunehmend komplexeren Geschäfte der Bank zu beurteilen? Können sie den Wahrheitsgehalt der ihnen übermittelten Informationen verlässlich prüfen? Und stimmen etwa die Unkenrufe, dass nicht einmal die Bankvorstände selbst die Funktionsweise der neuen Geldschöpfungs- und Finanzierungsinstrumente durchschauen und verstehen?

Eine Sprecherin der Bank erklärt zu den Vorwürfen, dass es bis Ende 2007 tatsächlich Schwachstellen gegeben habe. Diese seien aber erkannt und inzwischen behoben worden. Man habe eine neue Stelle des »Chief Risk Officer« geschaffen, die Transparenz erhöht und weitere Schritte eingeleitet.

Wie immer im Bankengeschäft bei ähnlich wichtigen Entscheidungen greift das Personal gern auf Anglizismen zurück oder kauderwelscht sich durch Begriffe, die keiner kennt, die aber den Eindruck erwecken, alle hätten alles verstanden. Selbst in einer so brandwichtigen Situation wie dieser wagt niemand, den Vorstand um Übersetzung und Einschätzung anzugehen. Und so geht dann manch einer mit Begriffen wie *leverage* und *new diligence* nach Hause, ohne auch nur zu ahnen, dass er gerade neuen Geldschöpfungen zugestimmt hat.

Ein Montag in Deutschland – ein Dienstag in Amerika

Wer am 4. Mai 2009 die Zeitung las, wird seinen Augen nicht getraut haben. Die Bundeskanzlerin verkündet Steuersenkungen; mehrere CDU-Ministerpräsidenten lehnen mit allen Anzeichen der Konsterniertheit ein solches Wahlversprechen ab, weil es nicht zu halten sein werde; Kommentatoren fragen, hin und her gerissen zwischen Erstaunen und Bewunderung, ob die

Verkünder von Steuersenkungen noch von dieser Welt seien. Schließlich beläuft sich die Neuverschuldung des Bundes auf voraussichtlich 90 Milliarden Euro im laufenden und weitere 80 Milliarden im kommenden Haushaltsjahr.

Aber es warten noch andere Überraschungen an diesem Montag. Im Wirtschaftsteil der Zeitungen nehmen sich Journalisten der Mitnahmeeffekte bei der Abwrackprämie an. Während bei der Einführung dieser Prämie die erwartete Konjunkturbelebung von den Wirtschaftspolitikern betont worden war, während die Umweltpolitiker darin angesichts der Klimakrise falsche Signale gesetzt sahen, stellen Wirtschaftsforscher nun eine Studie vor, die zeigt, dass der erwartete Nachfrageschub viel kleiner als erwartet ausfallen wird. Drei von vier Käufern hätten sich auch ohne staatliche Prämie ein neues Auto zugelegt und die Kfz-Werkstätten erlitten erhebliche Einbrüche bei der Nachfrage nach Reparaturen. Der neue DIHK-Präsident kritisiert die Politik dagegen mit Hinweis auf die nicht hinnehmbare Bevorzugung eines einzigen Wirtschaftszweiges.

Weltweit konnte das Publikum am 18. November im Fernsehen Manager beobachten, deren Hochmut nur noch von der atemberaubenden Höhe ihrer Bonuszahlung übertroffen wurde, die aber keine passable Erklärung für die Geschehnisse liefern konnten, zu deren Betrachtung sie ins Kapitol geladen worden waren. Es handelte sich immerhin um Pläne der US-Regierung zur Rettung der amerikanischen Automobilindustrie, und in deren Folge der Weltwirtschaft.

Der Auftritt der Chefs der drei großen amerikanischen Autofirmen – Richard Wagoner von General Motors, Alan Mulally von Ford und Robert Nardelli von Chrysler – vor dem Senat in Washington ist ein Lehrstück dafür, wie und was man werden kann, wenn man glaubt, nur dem lieben Gott Rechenschaft schuldig zu sein. Aber auch, wie leicht man entlarvt werden kann, wenn nur einer den Mut aufbringt, klare Fragen zu stellen und zu Protokoll des Parlaments zu geben, wie der Chairman des Untersuchungsausschusses, Christopher J. Dodd, das tat.

Es war eine Lehrstunde über den Hochmut ertappter Versager, deren Chuzpe kaum zu überbieten war. Drei Vorstandsvorsitzende, alle aus demselben Detroit kommend und auf der Suche nach staatlichem Geld für ihre maroden Unternehmen.

Alle drei fliegen getrennt mit firmeneigenen Jets in Washington ein. Als einzig konkrete Antwort darauf, was sie zu tun gedächten, um den eigenen Laden zu sanieren, überbieten sich die drei in der Zahl der zu entlassenden Mitarbeiter.

Nachdem sie gemerkt hatten, dass dieser öffentliche Auftritt ziemlich vergurkt war, antworten sie dann mit Mätzchen. Zum zweiten erzwungenen Auftritt in Washington quetschen sie sich gemeinsam in ein Auto, wechseln sich beim Fahren ab, verdrücken Würstchen am Straßenrandgrill, übernachten in einem Motel und meinen, damit nun aber doch eine Belohnung in Form milliardenschwerer staatlicher Zuschüsse verdient zu haben.

So sahen wir drei überbezahlte Stars auf Spazierfahrt statt an der Arbeit für ihre Firmen und ihre Mitarbeiter. Und außer der vehement vorgetragenen Versicherung, dass sie ohne Fehl und Tadel seien, kam nichts, was hätte erklären können, wie sich die ehemals erfolgreiche amerikanische Automobilwelt selbst in die Sackgasse manövriert hatte, aus der sie allein nicht mehr herausfand.

Das Publikum sah erwachsene Männer, die sich wie pubertierende Jungs beim Koma-Saufen benahmen. Und es erlebte Politiker, die die versaute Kneipe wieder reinigten. Aber es sah auf der Straße auch die Arbeiter der Firmen, die schwer geschuftet hatten und nun erfahren mussten, dass nicht nur der verdiente Lohn, sondern auch die gesparten Gelder für die eigene Altersversorgung und die Ausbildung der Kinder abgeräumt worden waren. Und dass sie nicht mehr gebraucht wurden. Sie erfuhren dies von ihren Chefs, die blauäugig versicherten, die Kündigungen seien zum Wohle der Firma und der Allgemeinheit notwendig. Eine Verkehrung des geflügelten Wortes, dass das, was gut sei für General Motors, auch gut sei für Amerika.

Für viele Amerikaner war neben dieser Episode das Ende der Party verbunden mit der Erkenntnis, dass ihre Häuser nun fast wertlos, aber dennoch nicht mehr zu bezahlen waren, dass ihre Alterssicherungen wie Rauch im Kamin aufgegangen waren, und dass die Rücklagen für die Schul- und Studiengebühren ihrer Kinder perdu waren. Verschwunden auf rätselhaften Märkten, über die auf dieser Seite des Atlantiks ein gewisser Herr A. vollmundig erklären konnte, 25 % Rendite sei doch eine schöne

Zahl, und wo Menschen vergessen hatten, darüber nachzudenken, ob Renditen dieser Höhe überhaupt möglich und rechtens sind.

Zurück in Deutschland –
mit einem Blick auf Japan

Schon im Juli und August 2007 waren Banken in Deutschland in den Blick der Öffentlichkeit geraten, weil sie wegen Fehlspekulationen am US-Immobilienmarkt in eine Schieflage geraten waren, aus der sie aus eigener Kraft nicht mehr herauskamen: die Mittelstandsbank IKB, die SachsenLB, die WestLB, die BayernLB. Allen ist gemeinsam, dass sie öffentlich-rechtliche Eigentümerstrukturen haben und eigentlich die Region, in der sie tätig sind, beleben und mit Geld versorgen, nicht aber auslaugen sollen. Alle anderen Landesbanken beteuerten zunächst, nicht von der Krise betroffen zu sein, bis dann auch die HSH Nordbank, deren Eigentümer die Länder Hamburg und Schleswig-Holstein sind, in eine solch bedrohliche Lage geraten war, dass trotz Bereitstellung enormer staatlicher Mittel und einer Garantieerklärung über weitere Milliarden Gefahr im Verzuge entstand. Der Wirtschaftsminister von Schleswig-Holstein trat nach nur neunmonatiger Tätigkeit zurück, nicht ohne die Öffentlichkeit in einem spektakulären SPIEGEL-Interview über das in seinen Augen falsche und gefährliche Konzept seines Ministerpräsidenten und seines Finanzminister-Kollegen aufmerksam zu machen.

Die Welt hat ähnliche Zusammenbrüche wie die der letzten Monate nicht zum ersten Mal erlebt. Vieles erinnert an die große Krise in den späten 1920er Jahren. Doch auch in der jüngeren Geschichte gab es ein lehrreiches Beispiel. Eine »bubble-gum economy«, eine Seifenblasen-Ökonomie, hatte in den späten 1980er Jahren Japan fast in den Abgrund gerissen und bei den Wirtschaftspartnern in der Welt tiefe Brems- und Schleifspuren hinterlassen. Da aber alle davon überzeugt waren oder sein wollten, dass dies nur ein japanisches Problem sei, nicht rechtzeitig erkannt und für die Welt nicht wirklich bedrohlich, sah kaum jemand die Notwendigkeit, tief greifende Änderungen im eigenen Verhalten vorzunehmen und den Umbau der Weltwirtschaft anzugehen.

Die florierende Wirtschaft Japans war den meisten weit bedrohlicher vorgekommen als die halsbrecherischen Kunststücke, die die japanische Regierung zur Rettung der Wirtschaft unternahm. Nicht vermehrbarer Grund und Boden als Sicherheit für atemberaubende Geschäfte ließ an ein »Kamikaze« denken, und dies war eindeutig ein japanisches Thema. Studien über die Folgen dieser letzten der großen Krisen zeigen, dass die japanische Wirtschaft aber noch heute, zwanzig Jahre danach, an der damals eingegangen enormen Staatsverschuldung leidet.

Doch nicht nur Japan hat Probleme zu schultern, die neu waren und in ihrer Dimension bis dato unbekannt. In Deutschland hat die Erfahrung mit den Exzessen der Spaßgesellschaft, mit Champagner-Parties und 5-Sterne-Betriebsausflügen, mit gegelten Jungmanagern und erblondeten Gefährtinnen zwar bei vielen das Bewusstsein dafür geschärft, was als wirtschaftlich unangemessen eingeschätzt werden muss und was als soziale Zumutung nicht zu akzeptieren ist. Dies führte aber nicht zu einem breiten öffentlichen Diskurs darüber, wie wir in Zukunft leben wollen. Eine kritische Reflexion des Glaubens an permanentes Wachstum fand und findet nicht statt. Ethische Fragen nach der Funktionsweise einer Wirtschaft, die nach dem Grundgesetz dem Allgemeinwohl verpflichtet ist, aber dennoch nach maximalen Gewinnen strebt, werden zwar von Ethikprofessoren gestellt, aber im Parlament und in der allgemeinen Öffentlichkeit nicht diskutiert. Und die hohe Wertigkeit von Statussymbolen scheint unangetastet.

Es war (und ist) die Zeit der jungen Schnösel, deren prüfende Blicke den Hartz IV-Empfänger und die allein erziehende Mutter zum »Outcast« machen, die Männer über 50 zum »alten Eisen« zählen. So brutal wie diese Ausgrenzung zelebriert wurde und wird, war neu und zeigte eine neue gesellschaftliche Qualität: die totale Mitleidslosigkeit gegenüber denen, die nicht mithalten können oder wollen. Der viel besungene rheinisch-katholische Kapitalismus ist offensichtlich den Weg allen Irdischen gegangen.

Die Politik formulierte gegenüber dieser Des-Integration keinen hinreichenden Widerstand, im Gegenteil. Sie verabschiedete sich zunehmend aus der Gestaltung der Gesellschaft und sammelte ihre Kräfte für immer neue Steuersenkungen, die die Kommunen ärmer werden ließen, die staatliche Daseinsfürsorge weiter absenkten und die staatliche Handlungsfähigkeit auf bisher ungekannte Weise demolierten. Der Neoliberalismus hielt Einzug und alle, fast alle fanden das in Ordnung.

Über Steuern wurde geredet und geschrieben, als handele es sich um eine gemeine Form der staatlichen Wegelagerei. Die Vielfalt der steuerlichen Vermeidungsmöglichkeiten kam erst in den kritischen Blick, als es fast zu spät war. »Wirtschaftsgeneräle« fanden es nicht unanständig, Geld in Luxemburg, in Lichtenstein oder der Schweiz in höchst kuriosen Formen als Stiftung oder ähnlich harmlos klingenden Konstrukten zu bunkern. Steuerflucht war zwar als solche nicht neu, aber so richtig interessiert hat sich für dieses Thema die Politik erst, als uns die Krise schon fest im Griff hatte.

Demgegenüber konzentrierte sich der Ehrgeiz vieler Politiker darauf, der Presse Jünglinge vorzustellen, die clever und forsch waren und die, noch bevor sie das erste Mädchen erobert schon die ersten Millionen gebunkert hatten. Im Gefolge von Kanzler Kohl fand manch junges »Wirtschaftstalent« in der ersten Reihe Platz.

Was aber hatten diese pubertierenden Jugendlichen zu bieten, außer milder Verachtung für alle anderen, die nicht so beachtet waren, deren Sprache nicht rotzfrech war, deren Gesprächspartner Gleichaltrige und nicht Vertreter aus Politik und Presse waren? Warum fragte niemand laut und öffentlich, ob Jugendliche wirklich schon die geistige Kraft besitzen, sich in der Welt der Wirtschaft zurechtzufinden?

Die Wirtschaftspresse schrieb beseelte Artikel über die Bilanzen, mit denen die »Kids« jonglierten. Das waren keine zu groß dimensionierten Taschengelder, das war kein Spielgeld, es ging um Euro und Dollar – um viel davon. Und es gab immer Banken, die mit Krediten das Spiel unterstützten und die Kugel rollen ließen.

Inzwischen liest man wieder in der Presse, diesmal aber vom Schicksal der ehemaligen »Sonnenkinder«. Anklage und Verurteilung wegen Betrugs, Konkursverschleppung, Steuerhinterziehung und anderes mehr, Themen, die einem normalerweise nicht im Zusammenhang mit Jugendlichen einfallen. Der »Sturz des Ikarus« ist dagegen ein nettes Bild.

Diese Wunderkinder waren zeitweise erfolgreich, und sie waren perfekt in der Rolle des nützlichen Idioten der neuen Wirtschaftswunderwelt. Sie waren der Beleg dafür, dass unser System Eigennutz und Egozentrik belohnt. Jetzt aber stellte sich heraus, dass viele von ihnen auf dem Weg ins Wirtschaftsparadies gestrauchelt waren. Für bunte Seiten reicht es immer noch, über diese gefallenen Jungtalente zu schreiben, aber ihre Beispielfunktion ist dahin. Und ihre Unbekümmertheit, mit der sie einst starteten, auch.

Zeiten der Krise – Zeit zur Besinnung?

Zeiten des Sichtbarwerdens eigener Schwächen sind gelegentlich auch Zeiten grundsätzlicher Besinnung, auch auf die Grundlinien der Politik. So wäre zum Beispiel die grundsätzliche Frage zu stellen gewesen, ob man mit einer Steuerpolitik à la USA eine Sozialpolitik nach skandinavischer Art machen kann. Strukturen hätten kritisch daraufhin untersucht werden müssen, ob sie den Anforderungen einer nachhaltigen Wirschaft entsprechen. Die blühende Exportwirtschaft ließ vergessen, dass, wer viel exportiert auch sehr verletzlich ist, wenn die Märkte einmal weg brechen. Wer noch zu Beginn der Krise gewagt hätte, vor Nachfrageeinbrüchen bei Mercedes oder BMW zu warnen, dem wären Politik und Presse ins Kreuz gefallen. Nun aber ist der Absatzrückgang der so genannten Premiumklasse auf dem internationalen und dem nationalen Markt Realität und zwingt dazu, unter Stress und ohne kreative Reflexion möglichst sofort Neues auf den Markt zu bringen.

Viel zu lange huldigte man den Publicity umwehten Managern, deren Gehälter und Boni zugleich Hochmut, Flair und Erfolg verhießen. Von ihnen wurde erwartet, dass sie die Ackermann'sche Vorgabe von 25 % Rendite auf jeden eingesetzten Euro nicht nur verinnerlichten, sondern auch in ihrem eigenen

Unternehmen umsetzten. Und an der Spitze der Bewunderungs-skala standen die Investmentbanker, die nach Schwindel er-regenden Eskapaden den großen Bruch hinlegten und bei den Aufräumarbeiten nun nicht mehr zu sehen und zu hören sind.

Sie lernten das Jonglieren mit immer neuen Begriffen, mit neuen Produkten und Finanzierungsmodellen, die verschleiern sollten, dass sie eigentlich mit glühenden Kohlen Handel trie-ben. Sie mussten in London, New York und Tokio zugleich prä-sent sein und sich im Kauderwelsch der Börsen- und Finanz-sprache perfekt auskennen. Sie verdienten, genauer: sie bekamen oft mehr als die Sprecher der jeweiligen Bank, für die sie arbeite-ten. Und sie verachteten die Daheimgebliebenen im Mutterhaus, verweigerten die Rechenschaft und waren doch die treibenden Kräfte für das heulende Elend, das heute das Bild bestimmt.

So wird denn die Frage danach, welche Unternehmenskultur das Handeln deutscher Manager bestimmt, im Grunde immer noch tabuisiert statt offen diskutiert. Wie schnell und wie um-fassend reagieren unsere Manager auf soziale und ökonomische Veränderungen? Wie schnell werden die wissenschaftlichen Er-kenntnisse über den Klimawandel in neue, die Umwelt scho-nende Produkte und Technologien umgesetzt? Wo ist der deut-sche Bill Gates, der sich in Afrika engagiert? Was tun unsere Manager für den künstlerischen Nachwuchs? Was wissen sie von den Nöten junger Mütter, Beruf und Familie unter einen Hut zu kriegen? Was tun sie für das praktische Umsetzen des globalen Leitbilds der Nachhaltigkeit? Was interessiert sie sonst noch, was ist ihr kulturelles Engagement?

Eines kann ohne langes Sinnieren und Studieren als ge-sichert gelten: Sie mögen die Frauen nicht. Ihre eigene schon, ihre Töchter, Schwiegertöchter und Enkelinnen wohl auch, aber damit hat es sich dann. Die Brocken, die sie anderen Frauen in den Weg rollen, müssen erst mal entdeckt werden. Der erbit-terte Widerstand gegen Frauenförderpläne in deutschen Unter-nehmen ist meines Erachtens nur mit der tiefen Verachtung der Fähigkeiten zu erklären, die Frauen einbringen können.

So können sie nicht beantworten, warum Frauen in Ame-rika und Skandinavien höchst erfolgreiche Unternehmerinnen sind, dass in diesen Ländern Frauen auch mit schwierigsten Auf-gaben betraut werden.

Mädchen und junge Frauen haben bei uns inzwischen die höherwertigen Abschlüsse und die besseren Noten. Warum aber springen sie so häufig ab? Wie kommt es, dass Frauen im Durchschnitt immer noch ein Viertel bis ein Drittel weniger verdienen als Männer? Und warum bekommen mehr als 40% der akademisch ausgebildeten Frauen keine Kinder? Alles nur eine bodenlose Gemeinheit der Frauen, ein verkappter Geschlechterkrieg, oder doch eher die Ausübung von Machtpositionen, um von Frauen ungestört bleiben zu können?

Eins ist sicher: Wenn die deutsche Wirtschaft sich noch lange den Luxus erlaubt, gut ausgebildete Frauen wegzuloben, schlechter zu bezahlen, dann wird es immer schwieriger werden, ausreichend Fachpersonal zu finden. Die Behandlung von Frauen in der deutschen Wirtschaft treibt einem den Adrenalinpegel in die Höhe. Wer sich näher damit beschäftigt, der staunt über tausend Ungereimtheiten, Ungerechtigkeiten, Mobbing inklusive, und über den mangelnden Verstand der Männer. Die volkswirtschaftlichen und sozialen Schäden dieses »europäischen Sonderweges« werden auf Dauer immens sein.

Zugegeben, es waren nicht nur Banker, Manager und Politiker in Deutschland, die versagten. Auch andere haben ihren Teil an der Krise. Es gab so etwas wie einen kollektiven Glauben an die Unfehlbarkeit von Entscheidungen, der die Krise beschleunigte, der blind machte, wo man offenen Auges hätte sein müssen. Die Politik huldigte vor allem dem Markt. Wer dagegen aufmuckte, wurde des Neides geziehen. Das reichte den meisten. Die Angst vor Wahlverlusten jagte die nationale und internationale Politik in immer kühnere Experimente: Steuersenkungen in einer Zeit, wo bessere Regulierung die Antwort hätte sein müssen. Es war der weitgehende Rückzug aus den Möglichkeiten staatlicher Gestaltung, ohne Absicherung durch einen breiten gesellschaftlichen Diskurs. Einfach so, im Vertrauen darauf, dass niemand gerne Steuern zahlt und deshalb auch keine Stolpersteine zu befürchten braucht.

Diese Fehleinschätzung entspringt der gleichen Quelle, wie die Entstehung der so genannten Hartz IV-Gesetze. Ursprünglich gedacht als Politikberatung in einer schwierigen wirtschaftlichen Lage, die den Fortbestand der Sozialversicherungssysteme bedrohte, wurde der Herr Hartz (und seine Kommission) gebeten, die arbeitsmarktpolitisch durchweg guten Erfahrungen bei VW zu vergleichen mit dem, was andere europäische Länder zur Bekämpfung der Arbeitslosigkeit unternommen hatten, und dies für die deutsche Politik in ein Strategiepapier einzubringen.

Es wird vielen wohl für immer ein Rätsel bleiben, wie aus der Bitte um Beratung der Politik dann die Hartz-Gesetzgebung werden konnte. In einigen Jahren werden junge Menschen sich wohl fragen, wer denn dieser Hartz überhaupt war – doch nicht etwa der Vorbestrafte mit dem lockeren Lebenswandel. Und was hat die damalige Politikergeneration (Regierung wie Bundestag) nur gebissen, eine der schwierigsten und politisch gefährlichsten Operationen am Sozialstaat mit dem Namen eines Mannes aus der Wirtschaft zu verzieren?

Weltweit im Fokus: USA und China

Die wirtschaftliche Lage in Europa war zum Zeitpunkt der Insolvenz von Lehman Brothers bereits angespannt, und die Diskussion drehte sich ganz wesentlich um die Frage, was man der Politik der Bush-Administration entgegensetzen könnte, um nicht in den Strudel mit hinein gerissen zu werden. Die Budgetpolitik von Präsident Bush hatte die amerikanische Wirtschaft tief ins Minus geführt, die Kriege in Afghanistan und Irak verschlangen (und verschlingen immer noch) Unsummen; die materielle Infrastruktur der USA war nicht nur marode, sie ist teilweise gar nicht mehr funktionsfähig. Millionen von Menschen leben von den Almosen der Suppenküchen und der Hilfe engagierter Ärzte, Sozialhelfer und Ehrenamtler, die ohne Honorare helfen, weil sie wissen, dass ihre Klienten sie nicht bezahlen können, und die daran glauben, dass die Achtung der Würde des Menschen dazu zwingt, wenigstens den Versuch von Hilfe zu unternehmen. Der amerikanische Staat ist schon seit langem nicht mehr in der Lage, allen seinen Bürgern Hilfe und Unterstützung angedeihen zu lassen. Die USA brauchen viel ausländisches Geld, China wurde zum größten Geldgeber. Dass alle US-Amerikaner sich dessen bewusst sind, darf bezweifelt werden. Gewiss aber ist, dass neoliberales Gedankengut vor allem in den USA in ungeahntem Umfang Einzug in den Alltag gefunden hat. Man konnte und kann Amerikaner mit dem Hinweis auf die staatliche Verantwortung für das Wohlergehen der Gesellschaft regelrecht erschrecken. Anstand und Moral, Voraussicht und Geduld gehen flöten, wenn jeder damit mehr als beschäftigt ist, für sich selbst zu sorgen.

Es bedurfte eines politischen Missionars, des neuen Präsidenten Barack Obama, um die Idee des aktiven Staates in den USA wieder salonfähig zu machen und auf die Tagesordnung der G20 und anderer wichtiger Treffpunkte der Welt zu bringen.

Verschärfte Debatte um Gerechtigkeit

Man darf inzwischen wieder offen über Gerechtigkeit und das System der Ungleichbehandlung reden, ohne sich gleich mit dem Vorwurf des Neidkomplexes konfrontiert zu sehen. Wer mahnte und kritische Entwicklungen benannte, war lange Zeit ein Spielverderber, ein Unwissender, ein Paria. Inzwischen aber reden die Bundeskanzlerin, der Bundespräsident, der Oppositionsführer über Enteignungsgesetze und über die Verpflichtung zu Anstand und Moral. Sie prangern jene Manager an, die zocken und absahnen – was die SÜDDEUTSCHE ZEITUNG zu der Schlagzeile animierte: »Es darf enteignet werden!«

Es darf inzwischen auch darüber geredet werden, dass nicht nur deutsche Banker, sondern auch US-Konzernchefs nach wie vor Gehälter kassieren, die an Unanständigkeit kaum zu übertreffen sind. Und es wird ernsthaft darüber nachgedacht, Managergehälter im Allgemeinen und von Bankenvorständen im Besonderen nach oben zu begrenzen und im Falle verlustreicher Jahre Abfindungen und Boni ganz zu streichen.

Doch nicht bis in alle Vorstandsetagen haben sich diese Vorstellungen und Forderungen herumgesprochen. Trotz Finanz- und Wirtschaftskrise haben die Chefs führender US-Konzerne im vergangenen Jahr kaum weniger verdient als die Jahre davor. Während die Wirtschaft lahmt und die Arbeitslosigkeit ansteigt, sind die Bezüge amerikanischer Manager nur um 3,4 %

gesunken. In Deutschland traf es die Bezüge dagegen stärker, schätzungsweise um 24%. Im Schnitt kassieren die Chefs von 200 näher untersuchten US-Unternehmen im Jahr immer noch 7,6 Millionen Dollar pro Jahr.

Währenddessen hungern in der Welt rund eine Milliarde Menschen. Nicht dann und wann, sondern permanent, chronisch. Und die Zahl der Hungernden steigt nach UN-Angaben weiter an, auch und besonders als Folge der Krise. Statistisch gesehen stirbt alle sechs Sekunden ein Kind an Unterernährung. Große Schuld daran hat nach UN-Expertenmeinung der unfaire internationale Handel. In der öffentlichen Diskussion kommt bisher aber zu kurz, dass nicht nur der Gütermarkt die armen Länder benachteiligt, sondern auch der Finanzmarkt. Es war im April 2009 wohl das erste Mal, dass dieses Thema auf einem Gipfeltreffen diskutiert wurde, vielleicht, weil es nicht mehr nur ein G8- sondern ein G20-Gipfel war.

Die Beschlüsse von London zur Finanz- und Wirtschaftskrise wurden allseits gelobt, weil die Einsicht wuchs, dass es schnell gehen muss, der Öffentlichkeit und den Märkten Entschlossenheit und Zuversicht zu demonstrieren. So viel Aufbruchstimmung aber führt zu der Frage zurück, warum nicht früher unternommen wurde, was nun allen einleuchtet.

Ein paar Monate später: Um die Ecke treffen sich die Koalitionäre von CDU/CSU und FDP, um die zukünftige Gestaltung der gemeinsamen Politik in trockene Tücher zu bringen. Als erstes entdecken sie das Haushaltsloch als solches, das große runde, Geld schlürfende Haushaltsloch, das man ihnen offenbar verheimlicht hat, denn ihr Erstaunen und ihre Empörung darüber sind echt, sagen sie. Aber natürlich halten sie fest an der Idee einer beachtlichen Steuersenkung. Spielräume dafür seien ja da, in Höhe von 15 Milliarden Euro sagen die einen, von 35 Milliarden meinen die anderen. Man muss nur die nötige Kreativität entfalten. Der Sachverständigenrat für Wirtschaftsfragen der Bundesregierung ruft dagegen zum Verzicht auf Steuersenkung auf. Das sei wirtschaftspolitisches Harakiri. Er fordert stattdessen eine Erhöhung der Mehrwertsteuer, spätestens für 2013 oder 2014.

Die Schwarz-Gelben verstehen die Welt nicht mehr, haben sie doch Steuersenkungen im Wahlkampf versprechen können, ohne dass jemand laut und lebhaft widersprach. Also werden die Zahlen gedreht und gewendet, berichtigt und korrigiert. Im neuen Finanzrahmen müssen bis 2013 gut 34 Milliarden Euro eingespart werden, so steht es im Finanzplan des noch amtierenden Bundesfinanzministers. Diesen Plan hat offensichtlich außer den Sachbearbeitern im Finanzministerium und außer dem Minister selbst niemand gelesen. Oder man hat ihn gelesen und trotzdem den Wählern das Blaue vom Himmel versprochen, ohne blasse Ahnung, wie man so etwas finanzieren könnte. Und ohne darüber nachgedacht zu haben, wie man die selbst gewählte Verirrung umrunden kann, ohne Vorwürfe der Wähler einsammeln zu müssen, man habe etwas versprochen, das nun nicht eingelöst werden kann.

Langsam kommt Stimmung im Lager der Koalitionäre auf. Die CDU will es nicht allein gewesen sein und bezichtigt die FDP der Realitätsferne, hat aber nichts dagegen, die vorliegenden Zahlen zu verschönern, um wenigstens noch ein bisschen Spielraum zu gewinnen. Früher lief das Ritual einer Koalitionsbildung anders: Die Gewinner einer Wahl nahmen, nach überstandener Siegesfeier, den Haushalt unter die Lupe und entdeckten Loch über Loch, manifeste Beispiele für mangelnde Haushaltskunst der Vorgängerregierung. Der Kassensturz hatte dann zur Folge, alles, was im Wahlkampf versprochen worden war, noch einmal auf die Waage zu legen. Und gegebenenfalls einzukassieren. Es hätte also niemand so recht dagegenhalten können, wenn die FDP den vorliegenden Haushaltsentwurf als das bezeichnet, was er ist: ein löchriger Schweizer Käse. Stattdessen erleben Wahlvolk und Presse ein ganz anderes Schauspiel. Die FDP schaut in den Haushalt und entdeckt: Goldadern ohne Ende. Alles sei *paletti,* alles bezahlbar, die Koalition gerettet, die Steuersenkung ebenfalls, die Konjunktur werde als Folge der Steuersenkung anspringen, das Defizit wegschmelzen: alles wird gut …

Wen kann angesichts solcher Spielchen noch wundern, dass viele Wahlberechtigte, vor allem junge Menschen, nicht mehr zur Wahl gehen? Sie haben die Politik der Halbwahrheiten, der dröhnenden Versprechungen, des Hin- und Herdrehens so leid wie nur irgendetwas. Sie brauchen auch nicht den Sachverständigenrat, um zu kapieren, dass Steuersenkungen bei einem überlasteten, verschuldeten Haushalt keine positiven Gestaltungsmöglichkeiten liefern, sondern lediglich ein noch tieferes Haushaltsloch. Die Wirtschaftsweisen, die wie Mietz und Mautz, die Katzen im Struwwelpeter, vom bösen Tun abraten, sind ja nicht neu im politischen Geschäft, und wenn sie vor den negativen Folgen einer Steuersenkung abraten, dann sollte auch dem letzten klar sein: Es ist Gefahr im Verzug.

Was aber macht die FDP? Sie schaut in den Haushalt und beschwert sich, dass die kleinen Löchlein als Vorwand genommen werden, politische Wünsche nach Steuersenkungen abzuwehren. Es dauert dann noch ein paar Tage, bis der designierte neue Bundesfinanzminister erklärt, mit ihm werde es keine Steuerpolitik aus Haushaltsdefiziten geben. Vermutlich wird sich der ein oder andere aus der Altherrenriege der FDP auch grämen, aber nicht über sich und seine Naivität, sondern über die Gemeinheit der Sachverständigen, die sogar Steuererhöhungen fordern. Da hilft alles Nachrechnen nichts, das Land steht an einer Grenze. Die Aktionen zur Rettung der Banken bedeuten, dass man politische Wünsche hintanstellen muss. Man kann Geld nicht zweimal ausgeben – schon gar nicht, wenn keins mehr da ist.

Es ist noch nicht so lange her, da wurde im Bundestag darum gerungen, über eine Absenkung der Beiträge zu den Versicherungssystemen und durch Umfinanzierung auf die Mehrwertsteuer Arbeitgeber und Arbeitnehmer an der richtigen Stelle zu entlasten. Heute bekommt man dagegen das Gefühl, die Gelben wandelten lustvoll auf Wegen, die die öffentlichen Kassen weiter leeren und die Lohnnebenkosten nach oben treiben. Das Gegenteil wäre die richtige Medizin: Haushaltslöcher dichtmachen, staatliche Versorgung zu erschwinglichen Preisen anbieten, die vorhandenen Instrumente anwenden statt neue zu erfinden. Lohnnebenkosten nach unten und Beteiligung der Wohlverdienenden an den sozialpolitisch notwendigen Aufgaben, das müsste die Linie sein. Da aber stehen CDU, CSU und FDP und versperren den ehrenvollen Abschied von politischen Torheiten. Es scheint, als kämen sie nicht mehr herunter von dem Baum, auf den sie ohne Not geklettert sind.

Von Bankiers zu Bankern:
ein Kulturbruch

Die Bankiers galten in der Bundesrepublik rheinisch-katholischer Prägung noch etwas. Sie genossen hohes Ansehen, man hörte auf sie. Sie waren Ratgeber, fädelten mit ihren Beziehungen und ihrem Wissen sensible Geschäfte und Treffen ein. Sie engagierten sich in sozialen Fragen, berieten ihre Kunden und waren der Transmissionsriemen, der alles am Laufen hielt. Sie leisteten bei schwierigen Fragen diskret Hilfe bei der Annäherung unterschiedlicher Interessengruppen und Standpunkte, so unter anderem auch die Annäherung von Deutschland und Russland.

Mit ihrer Haltung kamen die Bankiers nach Meinung vieler der Vorstellung des »ehrbaren Kaufmanns« nahe. Sie waren eine gesellschaftliche Stütze, diskret und verschwiegen. Auf Pressekonferenzen sah man sie gar nicht oder nur selten. Natürlich arbeiteten sie nicht für Gotteslohn. Solange aber ihr Wirken half, Träume von einer florierenden Wirtschaft, eingebettet in immer komplexer werdende Zusammenhänge, zu verwirklichen, erhielten sie Zustimmung und Lob. Ein Ausbildungsplatz in einer Bank war für den Glücklichen so etwas wie ein Sechser im Lotto, mindestens aber ein Fünfer mit Zusatzzahl. Eltern waren stolz, wenn ihr Sprössling von einer Bank akzeptiert wurde. Nicht die akademische Leistung und die Stellung der Eltern zählte, sondern wie sich der junge Mann, die junge Frau in den bankeigenen Ausbildungswegen und Tests bewährte: waren sie gewillt, sich um der großen Sache, dem Wohlergehen der Bank willen, einzubringen und anzupassen? Sie mussten sich zwar meist mit einer Art Uniform verkleiden und sich auch sonst gut benehmen können, doch am Freitag durften sie die Uniform ablegen, Hemden mit kurzen Ärmeln tragen und sich wie andere ohne Krawatte fühlen.

Bundeskanzler Adenauer hat sich nie an der scheinbaren Biederkeit des Bankiers und Beraters Alwin Münchmeyer gestört. Er ließ ihn oft als »Minensuchhund« vorausgehen und das Terrain absichern. Auf diese Weise kam wertvolle Kunst, die im Krieg verschwunden war, wieder zurück in unsere Museen, ohne dass gleich jeder erfuhr, dass die Bundesrepublik dahinter stand, was die Preise nach oben getrieben hätte. Münchmeyer vermittelte, half aus und hielt die Tugend der Schweigsamkeit hoch. Nie wäre es ihm eingefallen, wie vor kurzem dem ehemaligen Chef der Deutschen Bank, Rolf Breuer, in die Öffentlichkeit zu trompeten, dass ein Kunde nicht mehr kreditwürdig sei. Man mag es vielleicht aus medienpolitischer Sicht für richtig halten, dass Leo Kirch nicht mehr als satisfaktionsfähig eingestuft wurde. Als Kunde einer Bank hatte er aber ein Anrecht darauf, Gesicht wahrend aus einer schwierigen finanziellen Situation wieder herauszukommen, so wie alle anderen Kunden auch.

Vieles von diesem traditionellen, honorigen Bild des Bankiers ist zerstoben. Nun hört man meist nur noch das Wort Banker – und dieses Wort ist zum Schimpfwort geworden.

Viele meinen, der Absturz der globalen Finanzmärkte wäre auf den 15. September 2008 – auf »9/15«– zu legen. Jenen Tag also, an dem die Investmentbank Lehman Brothers Insolvenz anmelden musste und gleichzeitig der ewige Konkurrent Merrill Lynch von der Bank of America aufgekauft wurde. Dieser »Schwarze Montag« der Wall Street war mit Sicherheit ein bedeutungsschwerer und unheilvoller Tag für das internationale Finanzwesen, aber mit Sicherheit nicht der Tag, der als einziger in die Geschichtsbücher eingehen wird. Die Welt blieb nicht stehen, kein Tsunami überflutete die Meeresstrände, die Sonne verschwand nicht hinter den Wolken. Für Deutschland war gar ein Hoch aus Skandinavien vorhergesagt …

Wer oder was aber war Lehman Brothers? Dass die Gründer der Firma, die Gebrüder Hayum, Mendel und Maier Lehmann, Söhne des fränkischen Viehhändlers Abraham Löw Lehmann, Mitte des 19. Jahrhunderts aus Deutschland nach Amerika ausgewandert waren, zunächst Handel trieben, dann die soziale Leiter erklommen bis sie eine Bank gründeten, dürfte nur wenigen Menschen in Deutschland bekannt sein.

Exkurs: Wie werd ich Millionär?

Sie wollen reich werden, am liebsten gleich Millionär? Nie wieder Geldsorgen haben, ein neues Haus, ein größeres Auto, einen schönen Urlaub? Sie entschließen sich, ab sofort sparsamer zu leben. Die Familie soll nicht darben, aber mit ein bisschen

Management müsste man doch billiger leben können. Vergessen Sie's! Eher finden Sie auf der Rathaustreppe Ihrer Stadt eine Tasche, gefüllt mit einer Million Euro und einem Zettel: »Diese Tasche ist für Sie, Herr/Frau …«. So alt können Sie gar nicht werden, um auch bei sparsamstem Leben von Ihrem Einkommen (oder der Stütze) so viel beiseite zu legen, dass Sie auch nur annähernd an die Million herankommen.

Sie spielen Lotto, jede Woche zweimal, mit den eigenen Geburtsdaten und denen Ihrer Frau, plus Hochzeitstag und zur Sicherheit eine Zufallsreihe. Jemals was Größeres gewonnen? Nein! Na, das wird wohl auch so bleiben, denn die Wahrscheinlichkeit spricht gegen Sie, genauso wie gegen Millionen anderer Lottospieler.

Sie denken an einen Auftritt bei Günther Jauch? Selbst wenn Sie angenommen würden, wenn Jauch freundlich und geduldig ist, das Publikum auf Ihrer Seite steht, Sie müssten schon ein profunder Kenner von Theater und Musik, griechischen Mythen und Sagen, von Chemie und Malerei, Mittelhochdeutsch und Sport, den norddeutschen Inseln, der Tierwelt und der Baukunst sein, um nicht gleich bei der ersten Frage ins Stolpern zu geraten.

Da gibt es Methoden, die zielführender sind. Doch dazu müssen Sie ein Zyniker und abgebrühter Misanthrop, besser noch ein Manager mit Misserfolgen werden. Hinterziehen Sie Steuern, in großem Stil. Das hilft. Überreden Sie Ihren Aufsichtsrat, Ihre Pension zu kapitalisieren. Mit den Millionen Euro lebt es sich dann ganz angenehm. Sie schämen sich wegen des schlechten Images, das Sie dann haben? Nur Mut, ein paar Mille heilen nahezu Alles.

Und wenn Sie dann noch in Italien eine feste Burg finden, möglichst mit Zugbrücke, dann wird die Welt mit ein bisschen Geduld eines Tages auch wieder freundlicher sein. Wer erinnert sich denn in ein paar Jährchen noch daran, dass Sie vorbestraft und hochkant aus dem Job geflogen sind? So etwas muss ein deutscher Manager ertragen, ebenso wie frühere Vorstandsmitglieder der Dresdner Bank, denen die BILD dieser Tage das Wort »gierige Geld-Säcke« nachrief.

Eine kleine Leistung wird von Ihnen allerdings schon erwartet. Sie müssen dazu beitragen, dass die politische Diskussion in Deutschland um ein neues Thema bereichert wird: staatliche

Enteignung einer privaten Bank. Das wär' doch mal was, ist ihr erster Gedanke. Aber vergessen Sie nicht, dies geschieht nicht freiwillig, sondern weil Ihnen das Wasser bis zum Hals steht.

Sie haben die »Hypo Real Estate« in die Luft gesprengt – aus einem *real* ein *irreal* gemacht? Ihr Aufsichtsrat will Ihnen partout die 3 Millionen Euro, die Ihnen im Falle des wirtschaftlichen Erfolges gezahlt werden sollten, nicht rausrücken? Klagen Sie! Das macht Sie bekannt. Das verspricht große Artikel in Hochglanzzeitschriften.

Viel heiße Luft um Bonuszahlungen

Diesmal gab die Kanzlerin sich ganz britisch. Sie war »not amused«, als sie von den Bonuszahlungen an den ehemaligen Vorstand der Dresdner Bank erfuhr. Wenn man ihr veröffentlichtes Bild deuten darf, dann war's an diesem Tag wohl besser, ihr aus dem Wege zu gehen.

Es bedarf schon der geistigen Abgeklärtheit eines Dalai-Lama, um bei der Nachricht, die BILD zu ihrem ätzenden Kommentar veranlasste, nicht aus der Haut zu fahren. Trotz beträchtlicher Verluste in Höhe von 6 Milliarden Euro leistete sich der neunköpfige Vorstand einer ehemals großen deutschen Bank ein Stück aus dem Tollhaus: eine »legale Schweinerei«, wie die SÜDDEUTSCHE ZEITUNG am 30. März titelte. Der Vorstand genehmigte sich Boni und Gehälter in Höhe von 58 Millionen Euro. Das war doppelt so viel wie 2007 und mehr als bei irgendeiner anderen deutschen Bank. Und es war eine Provokation, das berühmte Tüpfelchen auf dem i, das die Politik mächtig in die Gänge kommen ließ.

Der Wirtschaftsminister drohte, bei Banken, die vom Staat Hilfe erhielten, noch nicht ausgezahlte Boni zu kassieren. Ein entsprechender Gesetzesentwurf sei in Vorbereitung. Endlich, so schien es, besinnt sich auch die Politik wieder auf ihr Kerngeschäft, nach innen und außen die Verhältnismäßigkeit der Mittel zu wahren. Inzwischen wissen wir, es war alles nicht so streng gemeint. Der G20-Gipfel Ende September in Pittsburgh hat zwar Beschlüsse zur Höhe von Bonuszahlungen getroffen, es aber jedem einzelnen Land überlassen, diese Höhe unbeeinflusst von anderen festzulegen. Auch die Banken sollen etwas bringen, damit kein Zornesblitz sie erreicht: Sie müssen ausreichend eigene Mittel einstellen, damit die nächste Krise nicht kommen kann.

Ja, wenn das so ist, möchte man sagen. Warum ist dann aber niemand schon früher auf diese genial einfache Idee gekommen? Für das bisschen Bonuszahlung interessiert sich in einigen Wochen kein Mensch mehr, und was ausreichend liquide Mittel sind, dafür kann man ja ein Gutachten in Auftrag geben. Am besten bei einer Ratingagentur.

In der Woche, in der die Bonuszahlungen die Gemüter erregen, wird aber auch bekannt, dass allein in Frankfurt durch die Fusion von Commerzbank und Dresdner Bank wohl mehr als 2.200 Stellen wegfallen werden; weltweit sieht das Übernahmekonzept gar die Streichung von 9.000 Arbeitsplätzen vor. Mag dies manchen nach Lage der Dinge noch als verständlich erscheinen, die Zahlung von Boni und Abfindungen in nicht erklärbarer Höhe ist es nicht. Auf das staunende Publikum wirkte dies wie ein rotes Tuch.

»Senk ju vor träwelling wiss Deutsche Bahn«

Am 31. März 2009 strahlt Berlin in ungetrübtem Sonnenschein. Es ist warm, kein Wind stört das gute Gefühl; es ist Frühling. Die Menschen sitzen vor den Cafes im Freien, genießen die Sonne, ihre Getränke, ratschen und tratschen, und alles sieht so aus wie immer, wie letztes Jahr, wie all die Jahre davor. Der Wirtschaftsteil der SÜDDEUTSCHEN ZEITUNG und die balkendicken Überschriften auf den Titelseiten anderer Tageszeitungen zeigen aber, dass nicht alle diesen Tag loben werden.

Für einige deutet sich eine rabenschwarze Woche an, wenn es denn mit einer Woche getan ist. Piraten greifen im Golf von Aden ein deutsches Kriegsschiff an. Was unter normalen Bedingungen den Menschen ein zumindest ungutes Gefühl, wenn nicht sogar Ängste vermittelt hätte, erscheint aber seltsam fremd. Etwas ganz anderes steht im Blickpunkt: Bahnchef Hartmut

Mehdorn tritt nach wochenlangen Querelen und immer neuen Enthüllungen über flächendeckende Bespitzelungen von Mitarbeitern zurück und verlässt den Staatskonzern Bahn, »gescheitert am Rest der Welt«.

Er tut dies im festen Bewusstsein, nichts Unrechtes getan zu haben. Hunderttausende von privaten Mails wurden über Monate abgefangen, gelesen, kontrolliert und gelöscht. Er könne sich nicht entschuldigen, weil er erstens nichts gewusst, zweitens nichts veranlasst hat und drittens nichts als falsch empfindet. Er steht sich selbst im Wege, verpasst den richtigen Zeitpunkt für einen Gesicht wahrenden Abgang und fühlt sich von Feinden, die nichts verstehen, umzingelt.

Auch seine stärksten Kritiker geben zu: Er hat das Gesicht der Bahn erheblich verändert, hat aus einem eher bürokratischen Unternehmen in staatlichem Besitz ein Unternehmen gemacht, das beinahe, wenn nicht die blöde Finanzkrise und deren Folgen auf dem Kapitalmarkt alle Blütenträume zerstört hätten, an die Börse gegangen und privatisiert worden wäre.

Im letzten Moment wurde das Unterfangen von der Politik gestoppt, weil durch den Einbruch auf den Finanzmärkten wohl nur ein Bruchteil der benötigten Mittel in die Kassen der Bahn geflossen wäre. Aus der Traum und die Vision des Bahnchefs, unabhängig von politischer Einflussnahme schalten und walten zu können. Aus auch der Traum, weltweit im Servicesektor Transport tätig zu sein. Zehn Jahre Rackern, Plagen und Geplagtwerden, Überreden, Drohen und Wegbeißen. Zehn Jahre Arbeit für die Katz', nur weil der Finanzmarkt verrückt spielt. Es ist wohl schon ein Treppenwitz der Geschichte, dass letztendlich die Lehman Brothers den Börsengang der Deutschen Bahn verhindert haben.

Ein Minister und die eigene Regierung

Ein zweiter, der an diesem 31. März nicht besonders glücklich gewesen sein dürfte, ist Peter Harry Carstensen, der Ministerpräsident des Landes Schleswig-Holstein. Sein Wirtschaftsminister, Werner Marnette, verlässt nach knapp neun Monaten die Regierung, weil er das Krisenmanagement der Landesregierung bei der Stützung der HSH Nordbank für unverantwortlich, fehlerhaft und miserabel hält.

Die Regierungen von Hamburg und Schleswig-Holstein hatten sich verständigt, die angeschlagene gemeinsame Landesbank mit einem gemeinsamen Konzept zu retten: Die beiden Regierungen sollen zu gleichen Teilen 3 Milliarden Euro in die Bank stecken und weitere 10 Milliarden garantieren. Der Wirtschaftsminister ist dagegen, er ist so sehr dagegen, dass er harsche Worte zu Protokoll gibt: »Mein Vertrauen in die Regierung ist erschüttert«. In seinem heiligen Zorn vergisst er sogar, dass er selbst Teil dieser Regierung war. Er ist gegen den Rettungsplan, weil er die Landesbank für entbehrlich hält und wohl auch generell gegen staatliches Engagement bei Unternehmen ist, die durch fehlerhaftes Management an die Wand gefahren wurden.

Was würde der (ehemalige) Minister wohl machen, wenn ihm die Rettung der HRE-Bank aufgetragen worden wäre? Hier tobt ein Machtkampf zwischen Giganten: der Bundesregierung einerseits und dem US-Investor J. Christopher Flowers andererseits. Dieser ist immerhin mit fast 22 % an der HRE-Bank beteiligt und weigert sich, das Übernahmeangebot der Regierung zu akzeptieren, obgleich dieses Angebot mit 1,39 Euro je Aktie ganze 10 % über dem Mindestpreis liegt. Flowers sagt zwar die Prüfung des Angebotes zu, möchte aber erkennbar im Unternehmen bleiben. Sein Argument: auch andere systemrelevante Banken hätten Hilfe vom Staat erhalten, ohne dass die Aktionäre aus der Bank gedrängt worden seien. Er fordert Gleichbehandlung ein und droht mit Klage.

Dem Steuerzahler muss inzwischen das Herz bluten: 90 Milliarden Euro hat die Bundesregierung zur Rettung der HRE-Bank bereits aufgewendet und will jetzt die volle Übernahme, um dieses Geld der Steuerzahler besser schützen zu können. Das ganze politische Berlin, so scheint es, unterstützt diese Haltung, genauso wie die Deutsche Schutzvereinigung für Wertpapierbesitzer. Der Vizepräsident des Bundesverfassungsgerichts verteidigt das schnell gezimmerte Enteignungsgesetz und zieht zur Begründung Artikel 14 des Grundgesetzes heran. Dieser berühmte Artikel begründe schließlich die Sozialpflichtigkeit des Eigentums und rechtfertige so die Verstaatlichung.

Erneut im Blick: die Verstaatlichung

Wer erinnert sich nicht noch an die freundliche Einladung, doch gleich »nach drüben zu machen«, in die DDR zu ziehen, wenn man das Wort von staatlicher Kontrolle zur Durchsetzung politischer Zielvorstellungen oder gar die Forderung nach Enteignung in die Diskussion einbrachte. An die Verstaatlichung von Schlüsselindustrien durfte man in West-Deutschland bei Androhung schwerer Repressalien und öffentlicher Ächtung nicht einmal denken. Und jetzt soll die Verstaatlichung von Banken möglich sein? Na ja, systemrelevant müssen sie schon sein. Schlüsselindustrie, systemrelevante Bank – zwei Begriffe zu ungleicher Zeit, mit gleicher Konjunktur.

Am Ende ist immer der Steuerzahler der Gelackmeierte, so weiß der Volksmund zu berichten. Dennoch: Es ist kaum nachvollziehbar, warum der Staat den Aktionären einer Pleitebank Millionen nachwerfen soll. Um unser Engagement zu schützen, argumentiert die Regierung. Dieses Argument auf andere Markt-Bereiche zu übertragen, hieße aber starke Widerstände zu aktivieren. Warum also macht der Staat, fast leidenschaftlich, für Banken so viel Geld locker?

Viel zu lange hat sich die Regierung gesträubt, die Mär vom Markt, der alles richtet und das auch noch schmerzlos, als das zu erkennen, was es ist: eine Mär. Zuerst glaubte man, der HRE-Bank mit Garantien helfen zu können, um an frisches Geld zu kommen. Doch dann brannte die Hütte: 100 Milliarden Euro standen auf der Kippe, gutes Geld musste schlechtem nachgeworfen werden, um den Zusammenbruch zu vermeiden.

In einem Leitartikel der FRANKFURTER RUNDSCHAU wird dargelegt, wie die Aktion hätte laufen können: Sofortige Übernahme der Bank durch den Staat; Trennung der guten von den schlechten Papieren; Gründung einer *Bad Bank* mit der Aufgabe, die schlechten Papiere abzuwickeln, wofür sie ein Entgelt bekommt. Erst wenn alle schlechten Papiere abgewickelt sind, bekommen die Aktionäre eine Ausschüttung, nicht, wie im Falle der HRE-Bank, am Anfang der Operation.

Was auch nicht in ausreichendem Maße erreicht werden konnte, sind strukturelle Änderungen, die ein anderes, ein besseres Verhalten erzwingen. Das hieße unter anderem Fragen zu stellen nach der Größe von Banken, nach der Absicherung ihrer Kredite, der Kontrollierbarkeit des Bankengeschäfts, der Besteuerung der Umsätze und der Verhinderung von Spekulationsgeschäften.

Osterspaziergang 2009

In München liebt man offensichtlich Konjunkturpakete. Noch während die Regierung in Berlin darüber grübelt, warum die Mittel aus dem zweiten Konjunkturprogramm nicht abgerufen werden, fordert die Bayerische Regierung, getrieben von der CSU, fröhlich ein drittes. Tatsächlich aber war bis Ostern aus dem Investitionsprogramm für Kommunen noch kein Euro abgeflossen. Niemand hatte eine Vorstellung, was mit den Konjunkturprogrammen geschehen sollte, wenn die Gelder nicht in Anspruch genommen werden.

Zu Ostern schrappt die Welt dann aber haarscharf an wirklichen Katastrophen vorbei. Thailand, ein Traumland für Investoren, die fleißige Mitarbeiter schätzen und Sicherheiten für ihr Geld, ein Paradies für Urlauber, mit freundlichen Menschen, die Traumstrände und üppige Vegetationen lieben, blickt in den Abgrund eines Bürgerkrieges. Die Piraterie am Horn von Afrika nimmt gefährliche Formen an, amerikanische Schiffe werden gekapert und fordern den amerikanischen Präsidenten heraus. Es erweist sich, dass die Handels- und Wirtschaftswelt stärker gefährdet ist, als man sich das bisher vorgestellt hatte. Die Störung des Zugangs zu den Handelswegen der Weltmeere zwingt die Politik, Gegenmaßnahmen zu diskutieren, einzugreifen, abzusichern, zu helfen da, wo Handelsschifffahrt hilflos ist.

Am Tag nach Ostern wird berichtet, dass die deutsche Industrieproduktion um 28 % gegenüber der Vorperiode abgestürzt sei, dass die Arbeitslosenzahlen rasant zunehmen ebenso wie die Zahl der Insolvenzen, dass der Export weiter zurückgeht, mit der von niemandem so richtig vorausgesehenen Folge, dass mehr Männer als Frauen in Deutschland von Arbeitslosigkeit bedroht sind. Dafür aber gibt es eine einleuchtende Erklärung: Im Exportgütersektor der Wirtschaft sind deutlich weniger

Frauen als Männer beschäftigt. Bei der derzeitigen Entlassung in diesen Firmen werden also erstmals Frauen bevorzugt, zumindest relativ gesehen.

Die Schleswig-Holsteiner, die Bewohner eines Landes, das durch seinen Schiffbau gekennzeichnet war und ist, kennen die Bilder der Tankschiffe, die in der Geltinger Bucht auf Reede liegen, weil keine Frachtaufträge an Land gezogen werden konnten. Ein paar hundert Kilometer südlich lösen solche Bilder nicht die gleiche Besorgnis aus. Jetzt aber werden die Hafenquais immer voller, weil immer mehr Schiffe mangels Aufträgen nicht auslaufen und auf das Ende der Krise warten müssen. Selbst die Ostseefähren von Kiel und Lübeck sind weniger ausgenutzt. Während es in den Vorjahren gelegentlich lange Wartezeiten gab, geht die Platzreservierung heute in Windeseile, zum Vergnügen derer, die noch verreisen können. Dabei nehmen aber auch andere wahr, dass nicht befrachtete, dümpelnde Schiffe am Tampen Melancholie und Hoffnungslosigkeit verbreiten.

Das Institut der deutschen Wirtschaft (IW) sagt eine Verlangsamung der wirtschaftlichen Talfahrt voraus, bleibt aber bei der zuvor gemachten Aussage, dass die deutsche Wirtschaft Jahre brauchen werde, um wieder zur alten Form zurückzufinden. Ob diese »alte Form« aber überhaupt wünschenswert ist und bestehen kann, darüber hat das Institut sich keine Gedanken gemacht.

Der Chef des Konkurrenzunternehmens, des Deutschen Instituts für Wirtschaftsforschung (DIW) warnt vor einem dritten Konjunkturprogramm. Obwohl seiner Einschätzung nach zurzeit überhaupt keine verlässlichen Prognosen möglich seien, beziffert er den erwarteten Rückgang der Wirtschaftsleistung im nächsten Jahr auf genau 5 %. Hilfreich ist anders, aber so ist es nun einmal.

Verwerfungen im »Wilden Osten«

In den Ländern hinter dem ehemaligen »Eisernen Vorhang« wussten die Menschen lange nur vom Hörensagen, was westlichen Verbrauchern an Eleganz und Technik alles so zur Verfügung steht. Nach dem Wegfall des Vorhangs setzten sie dann aber zur

Aufholjagd an. Sie verließen ihre alten Gewohnheiten, investierten und investierten. Dabei kamen ihnen viele Banken zu Hilfe, auch ausländische Banken. Luxusboutiquen, Kneipen und Restaurants schossen wie Pilze aus dem Boden. Und auch dabei halfen ihnen Banken, ausländische Banken. Sie kauften Autos, fuhren zum Urlaub in den Süden. Und wieder waren Banken bereit, finanziell zu helfen. Insbesondere schwedische Banken betrieben eine verantwortungslose Kreditpolitik, die zur Belohnung einer 100 %-Fremdfinanzierung beim Hauskauf auch noch Geld für ein Auto und elektronische Unterhaltungsgüter nachschob.

Die junge Wirtschaft boomte im zweistelligen Bereich, zum Neid älterer Wirtschaften. Die Löhne stiegen schnell, aber auch die Inflation. Niemand warnte vor der Schere, die sich auftun kann, wenn die Löhne andauernd schneller als die Produktivität steigen. Jetzt müssen die Balten, insbesondere die Letten sehen, wie sie mit 15- und 20-prozentigen Lohnkürzungen zurechtkommen. Die Wirtschaft der baltischen Staaten schrumpft zweistellig, die Arbeitslosenquote liegt bei 20 % und mehr.

Lettland ist faktisch bankrott. Nur eine internationale Kredithilfe in Höhe von 7,5 Milliarden Euro rettete das Land vor dem finanziellen Kollaps. Die schwedische Regierung mobilisierte Gelder, um die eigenen Banken vor den Folgen ihrer eigenen Torheit zu schützen. Auch das lettische Rentensystem steht vor dem Zusammenbruch. Wohnungsbesitzer sind insolvent und Staatsbedienstete müssen auf ihre Besoldung warten. Die sozialen Spannungen nehmen zu, es gab erste schwere Ausschreitungen in Riga. Die Regierung ist vom Internationalen Währungsfonds zu eiserner Sparsamkeit verdonnert worden, was zu weiteren Unruhen führte.

Im Nachhinein glaubt jeder zu wissen, wie alles zusammenhängt und wie alles passierte. Aber wie konnten die Menschen in den jungen Staaten denn ahnen, dass das Geschäftsgebaren westlicher Banken höchst risikoreich und konfliktanfällig ist? Sie glaubten doch an alles, was ihnen über die Funktionsweise eines freien Marktes erzählt worden war. Wie hätten sie Risiken, Rückschläge, Verluste beziffern können? Wie hätten sie wissen sollen, dass bei freier Konvertibilität Gelder aus ihren Ländern abfließen und die Wirkungen der rigiden Vorschriften des Internationalen Währungsfonds (IWF) noch verstärken?

Andere Länder im östlichen Europa befinden sich in einer ähnlichen Lage. Auch ihnen war nicht bewusst, dass rasches und überhitztes wirtschaftliches Wachstum das Erreichte auch bedrohen kann. Ihren Politikern war es wichtiger, zur Aufholjagd zu blasen statt zu ökonomischer Vernunft aufzurufen. Doch Vernunft ist etwas, was auch anderswo fehlte.

Am 17. April 2009 titelt die Frankfurter Rundschau: »Peking wirft mit Milliarden um sich«. China, Objekt der Begierde vieler Unternehmer, Banker und anderer Marktakteure, versucht in der Krise mit finanziellen Hilfen an die Nachbarn seinen Einfluss auszubauen und seine Position zu festigen. Chinas Arbeitskräfte, berühmt für ihre Anspruchslosigkeit, Ausdauer, Duldsamkeit und Begeisterungsfähigkeit haben mit ihren Leistungen dem Staat große Reichtümer in die Kasse geschaufelt, die es nun in der Krise erlauben, großmütig zu sein.

Zur Finanzierung von Infrastrukturprojekten der ASEAN-Staaten hat die chinesische Regierung allein 10 Milliarden Dollar bereitgestellt, weitere 15 Milliarden sollen zur Finanzierung anderer Kooperationsprojekte dienen. Die Staaten der Region sollen versuchen, die »beispiellosen Herausforderungen in eine Möglichkeit für engere pragmatische Entwicklungen umzuwandeln«, so Chinas Außenminister Yang. Das ist die freundschaftliche Geste, die vergessen machen soll, dass es neben der Absicherung von politischem Einfluss natürlich auch um ökonomische Einflussnahme, um den Zugang zu Rohstoffen und um neue Handelswege geht.

Es entsteht aber auch hier die Frage, wie China seine ehrgeizigen Pläne stemmen will. Auch in der chinesischen Wirtschaft wachsen die Bäume nicht in den Himmel. Das Land krankt an den Umweltbelastungen seiner teilweise wahnwitzigen Großprojekte, an den Auswirkungen einer Wirtschaft, die auf Wachstum getrimmt ist. Auch China ist stark von den internationalen Entwicklungen abhängig, was sich in rückläufigen Exporten, sinkenden Unternehmensgewinnen und steigender Arbeitslosigkeit zeigt. China muss auch noch lernen, dass auf seinen Exportmärkten strengere Vorschriften über die Qualität und gegen die Schädlichkeit von Produkten gelten, als chinesische Konsumenten sie bisher mit Gelassenheit ertragen. Die Regierung hat ein Konjunkturprogramm von umgerechnet mehr als 450 Milliarden

Euro aufgelegt, und es scheint, dass es angenommen wird und die Banken zur Kreditvergabe anregt. Ob China aber die Talsohle schon durchschritten hat, bleibt offen. Beim G20-Gipfel in Pittsburgh im September 2009 spielte das Land jedoch unübersehbar eine wichtige Rolle.

Die Krise hat aber auch gezeigt, dass China seinen Binnenmarkt stärken und die Außenmärkte diversifizieren muss; die Abhängigkeit von den USA ist schlicht zu groß. Nun gelten die Chinesen allseits als Meister kühler Betrachtung. Die Vorstellung allerdings, die USA allmählich wirtschaftlich zu überholen und politisch einzuholen, dürfte dennoch auch in China noch gewöhnungsbedürftig sein.

Krisenmeldungen etwas anderer Art

Die US-Immobilienpleite belastet besonders die Commerzbank, trifft zunehmend aber auch andere deutsche Banken, allerdings in nicht zur Kenntnis gegebener Höhe. Und sie zeitigt Auswirkungen auf Wirtschaftsbereiche, die eigentlich weit weg vom Boden sind, deren Schwierigkeiten wiederum in anderen Sektoren spürbar werden. Am 17. April 2009 liest man in den Tageszeitungen: »Flugzeugindustrie fordert Hilfen vom Staat«. Die europäische Flugzeug- und Rüstungsindustrie drängt die EU-Staaten angesichts der Krise zu höheren staatlichen Investitionen in die Branche. Mehr Geld müsse in Forschung und Entwicklung gesteckt werden, das EU-Forschungsprogramm »Clean Sky« schneller vorangetrieben werden. Bis dahin galt der Flugzeugbau, anders als der Schiffbau allgemein als krisensicher und erfolgreich. Menschen würden immer reisen und Flugzeuge müssen laufend technischen und umweltpolitischen Anforderungen angepasst werden. Jetzt allerdings wird erst einmal die Zahl der Flüge reduziert und Flugzeug-Aufträge werden storniert.

Da hat die Analyse, die die FINANCIAL TIMES DEUTSCHLAND der Schweizer Großbank UBS widmet, auf den ersten Blick mit solchen Sorgen wenig zu tun. Auf den zweiten Blick wird aber erkennbar, dass eine Laienschar mit hohen Ämtern in einer Großbank der Ruin ganzer Landstriche und Wirtschaftssektoren sein kann, wenn sie es wollen. Und die UBS (ebenso wie andere Banken) wollte es offenbar. »Die Bank, die auf die Verwaltung großer Vermögen spezialisiert ist, hat einen gefährlichen Abstieg hinter sich. In aller Öffentlichkeit präsentiere sie sich als Skandalinstitut«. Abschreibungen in zweistelliger Milliardenhöhe auf bestimmte Papiere, schnell wechselndes Management, eine notwendige Rettung durch die Schweizer Regierung und dann noch die Schlachtung der »heiligen Kuh«: die teilweise Preisgabe des Bankgeheimnisses. Auch der Schlusssatz der Redakteure wird dem Vorstand der UBS nicht gefallen haben: »Wer einem solchen Institut noch größere Beträge anvertraut, muss von außergewöhnlich optimistischer Natur sein«.

Artikel über das verheerende Fehlmanagement anderer Banken gibt es reichlich. Eigentlich höchste Eisenbahn für eine umfassende Diskussion der Rolle der Banken in einem freien Markt bei zunehmender Globalisierung und über den staatlichen Einfluss, dessen es zur Stabilisierung des Sektors bedarf. Mit zunehmender Distanz zum Schreckenstag der Pleite von Lehman Brothers nehmen Bußgesten und Versprechen für zukünftig besseres und beherrschteres Verhalten ab. Man duckt sich weg, regungslos wie der Hase in der Furche und weiß doch, dass man zwar nicht genauso aber ziemlich ähnlich wie gestern auch morgen weitermachen möchte.

Anders ist auch die Zaghaftigkeit der G20-Matadore nicht plausibel. Warum nicht diskutieren, wie groß eine Bank höchstens sein darf, um nicht als »systemrelevant« zu gelten – und so politisch sakrosankt zu sein. Warum nicht diskutieren, welche Geschäftszweige eigentlich nicht zusammen in einem Institut geführt werden sollten und welche Rolle die Investmentakteure zukünftig in einer Bank spielen dürfen? Man möchte glauben, dass alle wissen, dass ein Warten auf die nächste Krise alle teuer zu stehen kommen wird. Minireformen dürfen jedenfalls nicht die letzte Antwort auf die jetzige Krise sein.

»I never promised you a rosegarden«

Niemand macht unserer Regierung den Vorwurf, sie habe den Einsturz in der Finanzwelt nicht vorhergesehen. Woher auch: Schließlich fand das ganze bei »unseren Freunden« in Amerika statt. Die Folgen dieses Sturzes allerdings hätte man schneller erkennen müssen. Das wiederum setzt voraus, dass Regierung und Parlament sich angesprochen fühlen, wenn es turbulent wird. Das Verstecken hinter den Selbstheilungskräften des Marktes gleicht eher dem Pfeifen im Walde, denn tapferem Stehvermögen. Und so verstärkt sich der Eindruck, die Maßnahmen, die die Regierungen nach und nach einleiten, glichen eher tastenden Versuchen als wirklich kraftvollem Zupacken.

Natürlich müssen Versuche abgewehrt werden, von der öffentlichen Hand Gelder zur Sanierung von privaten Unternehmen zu verlangen, wenn diese Sanierungsfälle auf krassen Fehlentscheidungen oder persönlichen Eitelkeiten der Verantwortlichen beruhen. Es bleibt einem aber die Spucke weg, wenn berichtet wird, dass von den Milliardenbeträgen, die der Bund zum Ausbau von Universitäten zur Verfügung stellte, deshalb lange Zeit kein einziger Euro abgerufen wurde, weil sich die Bildungsminister der Länder über Probleme streiten, die in absehbarer Zeit nicht zufriedenstellend gelöst werden können. Welches Land welche Leistung zur Ausbildung des akademischen Nachwuchses im Vergleich mit anderen Ländern erbringt, das ist ein Streit, der so schnell nicht gelöst werden kann. Das Milliardenpaket einer Regierung, gedacht als Anschub zur Überwindung der Krise, bringt aber wenig bis nichts, wenn es so lange auf Eis liegen bleibt, bis die Kostenquote der Landeskinder, die an einer Uni studieren, mit der Kostenquote von Nicht-Landeskindern vergleichbar gemacht ist. Ein Spaziergang durch Campus und Universität, ein Besuch von Universitätskliniken sollte jedem unvoreingenommenen Betrachter reichen, um eine erste Rangliste der wichtigsten Projekte aufzustellen.

Aber es gibt auch noch andere Bereiche, in denen es verworren zugeht. Die Industrieverbände werfen den Banken vor, staatliche Hilfen nicht weiterzuleiten: »Banken blockieren den Aufschwung; Hilfen des Staates kommen nicht bei der Industrie an«. Man gibt sich säuerlich, macht Vorwürfe, und die sind nicht von Pappe. Zwar seien Kredite mit überschaubaren Laufzeiten zu bekommen, allerdings nur zu sehr strengen Bedingungen; und obendrein seien sie auch noch zu teuer. Völlig inakzeptabel sei die Lage bei großen Krediten mit langer Laufzeit. Hier würden die Banken auf der ganzen Linie versagen und den möglichen Aufschwung ausknipsen.

Verblüffend an diesen Vorwürfen seitens der Verbände ist allerdings, dass bei einer zeitgleich verlaufenden Befragung durch die Gesellschaft für Konsumforschung (GfK) in Nürnberg nur 6 % der befragten Unternehmen von einer tatsächlichen Kreditklemme sprechen.

Auch der »Wirtschaftsfonds Deutschland«, den die Regierung mit 115 Milliarden Euro aufgefüllt hat, um dem Zusammenbruch von Unternehmen gezielt gegensteuern zu können, werde nicht so weitergegeben wie erforderlich. Die Industrieverbände beklagen die zu geringe Zahl von Garantiezusagen. Die KfW dagegen ist mit der Inanspruchnahme des Fonds zufrieden.

Würde man in diesem Streit Bundespräsident Köhler als Schiedsrichter befragen, wäre man einer Antwort schon näher. Zur Eröffnung der Hannover-Messe ermahnt er die Banken, wieder zum »Brot- und Buttergeschäft« zurückzukehren. Sie würden schließlich nicht um ihrer selbst willen gerettet, sondern um Produktion und Beschäftigung voranzubringen. Das sitzt: auch hier säuerliche Minen, verhaltenes Klatschen, betretenes Schweigen. Das ist wohl verdient, wenn die Vorwürfe stimmen, woran zu zweifeln der Bundespräsident keinen Anlass bietet.

Mit anderen Worten: die Banken haben trotz gegenteiliger Schwüre nicht viel dazu gelernt. Sie machen so weiter, wie bisher und denken an sich, wie gehabt. Bestenfalls die Ackermann'schen 25 % Renditevorgaben können sie noch bewegen. An das schlechte Image, das sie sich so verdient haben, kann man sich bei passender Ausgestaltung des Jobs schließlich gewöhnen. Was kümmert es, wenn Mitarbeiter arbeitslos werden? Allein die Schweizer Großbank UBS will nach Milliardenverlusten im ersten Quartal insgesamt 8.700 Stellen streichen.

Hier liegt eine mögliche Erklärung für die schnelle »Gesundung« in- und ausländischer Banken. Sind sie die toxischen Papiere erst einmal los, können sie mit den vom Staat zur Verfügung gestellten Mitteln die gewohnten Geschäfte, in den alten Strukturen weiter betreiben, bekommen finanzielle Mittel zu Zinssätzen von nahe Null und verleihen diese an klamme Kunden zu 4 %. Davon sollte man eine Weile leben können.

»Wir ersaufen im Geld« – wirklich?

Dem kleinen und mittelständischen Unternehmer wird der Kamm geschwollen sein angesichts der Schlagzeile in der SÜDDEUTSCHEN ZEITUNG vom 26. Juni 2009: »Wir ersaufen im Geld«. Die Europäische Zentralbank pumpte insgesamt 442 Milliarden Euro in den Markt zu Konditionen, von denen Unternehmer sonst nur träumen können. Mit ihrem Angebot können Banken bis zu einem Jahr unbegrenzt Geld zu 1 % Zinsen leihen. Der Absatz soll reißend gewesen sein: 1.121 Banken aus der Euro-Zone nahmen das Angebot binnen kurzer Zeit an, und insgesamt machte das etwa 1.300 Euro je Bewohner von Euroland aus.

Nach Ansicht vieler Fachleute werden sich die Erwartungen, die an diese europäische Geldspritze geknüpft wurden, aber nur zum Teil erfüllen. Die Banken werden nicht, wie von ihnen erwartet, den Zugang zu Krediten erleichtern; sie haben sich mit Liquidität voll gesogen und kümmern sich zunächst einmal um ihre eigenen Bilanzen. Auf noch günstigere Zinsbedingungen zu warten, ist bei der vorgegebenen Prozentzahl nicht zu erwarten. Dieses Steuerungselement ist derzeit also ziemlich wirkungslos.

Der Ärger den Bundesbankpräsident Axel Weber angesichts des Verhaltens deutscher Banken ergreift, ist verständlich, aber kaum geeignet, die Lage nachhaltig zu verbessern. Ähnlich wie der Bundesfinanzminister droht auch er mit Maßnahmen, die im Lehrbuch der freien Marktwirtschaft nicht zu finden sind: Sollten die Banken nicht spuren, würden die Notenbanken ihnen die Kreditgeschäfte abnehmen und die Wirtschaft direkt versorgen. Ob er damit angesichts der realen Möglichkeiten tatsächlich hart gesottene Banker beeindruckt, ist höchst unwahrscheinlich. Aber dass gestandene Hüter des marktwirtschaftlichen Systems überhaupt mit solchen Eingriffen drohen, signalisiert die gegenseitigen Verletzungen ebenso wie die Enttäuschung, dass es nicht schneller geht mit der wirtschaftlichen Erholung.

Nach den Gesten der Demut, der Dankbarkeit und der Bemühung, Reue zu zeigen, hätte man glauben können, die Sprecher der großen Bankhäuser würden Einsicht und Verstand beweisen und für die Zukunft Geschäfte vorziehen, die dem Bild vom seriösen Kaufmann entsprechen. Erste Nachrichten über boomende Gewinne von Investmentbanken haben aber, so scheint es, zum vorzeitigen Ende der guten Vorsätze geführt. »Investmentbanker zocken wieder«, lautet der lakonische Befund des HAMBURGER ABENDBLATTS.

Haben sich die Spielregeln für die Banken in Wirklichkeit gar nicht geändert? Läuft die Branche sehenden Auges in die nächste Krise? Die übermittelten neuen Gewinnzahlen aus den USA klingen atemberaubend: 4,3 Milliarden Dollar bei der Citigroup, 2,4 Milliarden bei der Bank of America. Wohin haben sich die roten Zahlen verkrochen? Woher kommt so plötzlich der Umschwung? Und kommt er wirklich?

»Da war doch was…«, sinnieren die, die sich daran erinnern, dass genau diese Banken vor wenigen Monaten noch mit staatlichen Finanzhilfen in zweistelliger Milliardenhöhe und mit Bürgschaften im dreistelligen Milliardenbereich hochgepäppelt werden mussten. Man staunt ob der Eile, die die Banken an den Tag legen, um möglichst schnell wieder viel Gewinn zu machen statt für die innere Gesundung zu sorgen. Eine Symbol für das alte, unveränderte Verhalten kommt rasch auf den Schirm: die Bank Goldman-Sachs will für das Jahr 2009 die höchsten Boni in ihrer 140-jährigen Geschichte auszahlen. Kann es den Banken wirklich bekommen, wenn ihre Angestellten in einer weiter andauernden Krise durch Boni ihre Gehälter verdreifachen, ja vervierfachen können?

Der Zusammenbruch von Lehman Brothers war wie eine gleichzeitige totale Sonnen- und Mondfinsternis. Die Welt kam zeitweise ins Wanken, Börsenkurse stürzten ab, eine Reihe von US-Banken war über kurze Zeit am Ende. Regierungen schnürten gigantische Rettungspakete und schreckten auch nicht vor der Drohung mit Enteignung zurück. Selbst die englische und die amerikanische Administration führten, *horribile dictu*, schärfere Kontrollen ein und häuften Unsummen von liquiden Mitteln

in Sonderfonds an, um als finanzpolitische Feuerwehr einspringen zu können. Spätestens dies wäre der richtige Zeitpunkt gewesen, bestehende Organisationen neu zu gestalten und eine neue
Art eines weltpolitisch tätigen Gremiums zu schaffen. Alle hatten das Gefühl der Notwendigkeit solcher Neuerungen, aber es
hat wieder mal nicht zu einer durchgreifenden Reform gereicht.

Von guten Absichten
und tatsächlichem Verhalten

»Es geht darum, dass alle Marktteilnehmer, alle Produkte, alle
Märkte wirklich überwacht werden können«, erklärte die Bundeskanzlerin nach dem Finanzgipfel von Washington im November 2008, der als Start für eine neue Ordnung auf den Finanzmärkten gedacht war. Und sie fügte hinzu: »Es soll keine
blinden Flecken mehr geben«.

Starr vor Schrecken über diese neuen Möglichkeiten, die nur
ein bisschen politischen Mut zur Vorrausetzung haben, gelobte
man Besserung, tiefere Einsichten, anständigeres Benehmen. In
Deutschland stellte sich Herr A. an die Spitze der Bewegung.
Da war kurze Zeit so etwas wie Massentourismus nach Canossa.
Heute, kaum ein Jahr später, kann man davon ausgehen, dass
den Managern ihr damaliges devotes Benehmen peinlich ist.
Vergessen der Gang in Sandalen und härenem Gewand in Eises-
kälte. Jetzt heißt es »nach vorne schauen« und aufzupassen, dass
nicht andere sich bedienen, wo man bis vor kurzem noch selber stand.

Trotz milliardenschwerer staatlicher Investitionen und Garantien, die quasi als letzte Ölung Banken überleben ließ, schüt-
ten sie jetzt wieder Boni aus. Bei einigen der vom Staat an die
Hand genommenen Banken überstiegen die Bonuszahlungen
gar die Nettogewinne. Kein Wort auch über die verschwunde-
nen, verschlungenen Konkurrenten. Wie Süchtige steigen sie,
die vorher Abbitte geleistet und Beistand erfleht hatten, wieder
ein in alte Verhaltensmuster. Jubel ist zu hören über »neue gol-
dene Zeiten«, und die Kurse steigen wieder, obgleich hinter den
Kulissen noch immer alles beim alten ist. Ja sogar die ersten

toxischen Papiere sind wieder im Umlauf. Hinter den Sonntagsreden zur Beruhigung der Deppen, die hereingefallen sind, frönt man wieder der alten Sucht der Geldmanipulation, und das offenbar mit mehr Spaß als vorher. Schnell ist es wieder zu, das »window of opportunity«, die Chance der Gelegenheit, als die Politik neue Einsichten vermitteln wollte und dem Staat eine neue Rolle zuzukommen schien.

Und schon sind auch wieder die Wortverdreher unterwegs. »Der Bonus ist tot, es lebe die Sonderzahlung«. So lässt sich beschreiben, was in einigen deutschen Banken trotz staatlicher Rettungsaktionen Usus zu werden scheint. Es wird bekannt, dass der Chef der HRE-Bank, Axel Wieandt, sich noch vor der Verstaatlichung seines Instituts eine Sonderzahlung von einer halben Million Euro aufgrund einer Gesetzeslücke hat sichern können. Denn die Gehaltsobergrenze, die das Finanzmarkt-Stabilisierungsgesetz für Vorstände von mit Staatsgeld geretteten Banken festlegt, gilt nur für Institute, in die der Staat direkt Geld hineinpumpt. Die HRE-Bank war aber vor ihrer Verstaatlichung zunächst »nur« mit Garantien am Leben erhalten worden.

Ganz ähnlich wird derzeit bei der angeschlagenen HSH Nordbank verfahren, nur dass dort nicht von »Sonderzahlung« gesprochen sondern das Wort »Prämie« verwendet wird: Gut jedem siebten der rund 4.600 Mitarbeiter wurden bis zu 120.000 Euro Bleibeprämie angeboten, wie das Hamburger Abendblatt Mitte August zu berichten weiß.

Es scheint also, als ob dieselben Mechanismen wieder Platz greifen, die die Krise hervorgerufen haben. Zwar haben die Investmentbanken ihren Sonderstatus verloren, aber die Idee, die Größten und Tollsten zu sein, war schnell wieder da und feiert nun fröhliche Urständ. Es wird gehökert, gehamstert, abgestoßen, spekuliert wie in alten Zeiten, mit Währungen, Rohstoffen und komplexen Kreditpapieren. Alles was auch nur von weitem danach aussieht in die Zocker-Schleifen zu passen, ist schon wieder im Sortiment, allerdings nicht an den Stellen, wo es der heimischen Wirtschaft dient, sondern da, wo es den Banken hilft. Und in den Werbeminuten der Rundfunk- und Fernsehsender sind sie auch wieder zu hören. Alles wie gehabt?

Bei genauerem Hinsehen stellt sich aber heraus, dass nicht alle Banken in einer ähnlich komfortablen Lage sind. So konnte beispielsweise die für die amerikanische Wirtschaft bedeutende CIT die drohende Insolvenz erst in letzter Minute abwenden. Das als Mittelstandsfinanzierer bekannte Institut musste mit einem Notkredit seiner wichtigsten Gläubiger in Höhe von 3 Milliarden Dollar gestützt werden. Damit hatte man Zeit gekauft, um in einem ordentlichen Verfahren die Bank zu retten, die etwa eine Million amerikanische Unternehmen mit Krediten versorgt. Ein Zusammenbruch wäre die größte Pleite nach der von Lehman Brothers gewesen, deren ökonomische Folgen von der US-Regierung deutlich unterschätzt worden waren. Heute warnen Fachleute vor den Folgen einer weiteren Pleite. Aber auch in den USA scheint die Furcht zu wachsen, die staatlichen Rettungsaktionen könnten wirkungslos verpuffen, weil die Banken die staatlichen Mittel nicht konstruktiv verwenden.

Im Repräsentantenhaus wurde daher ein Gesetzesentwurf eingebracht, der unter dem Beinamen »Say on Pay« Mitspracherechte für Aktionäre garantieren soll. Danach können die Aufsichtsbehörden Vergütungen kappen, sofern diese zu unangemessenen Risiken verleiten, die Sicherheit und Bonität der Unternehmen gefährden oder negative Folgen für die wirtschaftliche und finanzielle Stabilität haben. Manch einer freut sich schon auf die öffentliche Diskussion, wenn es dazu kommen sollte, dass ein Unternehmen sein Verhalten nach diesen Kriterien rechtfertigen muss.

»Wer soll das bezahlen, wer hat das bestellt?«

Der Bundesfinanzminister, der mit den Auswirkungen der schwersten Haushaltskrise seit 60 Jahren zu kämpfen hat, reagiert nicht gerade freundlich, wenn an seinen schwankenden Haushalt weitere Anforderungen gestellt werden. Der vom Bundeskabinett gebilligte Haushaltsentwurf sieht für das Jahr 2010 Ausgaben in Höhe von 328 Milliarden Euro vor, wovon 88 Milliarden über neue Kredite finanziert werden sollen. Das ist die höchste Neuverschuldung aller Zeiten, wobei die Kosten für das zweite Konjunkturpaket sowie für den staatlichen Bankenrettungsschirm noch gar nicht mit erfasst sind. Pessimisten rechnen daher mit der Möglichkeit, dass der Bund gar mehr als 100 Milliarden Euro an Krediten wird aufnehmen müssen.

Wenn denn wenigstens an den anderen Fronten Ruhe wäre. Doch das ist nicht der Fall. Weder die heiß herbeidiskutierte Abwrackprämie noch andere Hilfsangebote der Regierung erweisen sich als Rettungsanker für die deutsche Wirtschaft, wie gern behauptet wurde. Natürlich nehmen die Deutschen das Angebot zur Verschrottung ihrer alten Autos an und kaufen neue, zumal ihnen vom Handel zum Teil noch saftige Rabatte obendrauf gelegt werden. Die öffentliche Debatte über die ordnungs-, umwelt- und verteilungspolitische Wirkung dieses Instruments braucht die Käufer nicht zu stören, wohl aber die Regierung. Es gibt Spott für die, denen langsam schwant, dass die Mitnahmeeffekte größer sein könnten, als der gewünschte positive Effekt für die deutsche Wirtschaft. Leitartikler handeln das Wort »Abwrackprämie« als Kandidat für das Unwort des Jahres.

Dann gibt es aber auch die ernst zu nehmenden Fragen: Was bringt es der deutschen Autoindustrie, wenn mit Hilfe der Abwrackprämie vor allem Autos aus dem europäischen Ausland, aus Japan und Korea gekauft werden? Und was ist mit der Warnung, wonach die deutschen Autofirmen nach Auslaufen der Abwrackprämie vor größeren Problemen stehen könnten als zu Beginn der Auszahlung?

Allein bei den Autozulieferanten rechnen Experten mit 80 Firmenzusammenbrüchen. Die deutschen Hersteller profitieren unterschiedlich von der Abwrackprämie. Durchschnittlich kommen sie auf eine Quote von mageren 35,9 % beim Neukauf von Autos, doch Mercedes hat einen Anteil von nahe Null Prozent. Das Kfz-Gewerbe schaut mit Sorgen in die Zukunft, denn die nächste Talsohle scheint gewiss.

Und die Regierung gibt keine Antwort auf die vielerorts gestellte Frage, warum man nur auf Autos setzt, nicht aber auf Elemente einer ökologisch erträglicheren Mobilität. Und ernst zu nehmen ist auch der strategische Vorwurf, den das IWH erhebt: um das Verhalten eines einzigen Konsumenten umzusteuern, müssten gleich drei weitere mitsubventioniert werden. Nach diesen Berechnungen muss der deutsche Steuerzahler insgesamt rund 10.000 Euro berappen, um eine Abwrackprämie von 2.500 Euro zu garantieren. Der Staatshaushalt kann durch diese Aktion zusätzlich mit 2,6 Milliarden Euro belastet werden, eine Summe, die sich nicht durch Mehreinnahmen bei der Einkommens- und Mehrwertsteuer selber finanziert. Das Beispiel Abwrackprämie zeigt aber auch, dass es nicht reicht, viel Geld in eine Idee zu stecken, wenn die zu Grunde liegenden Strukturen die gleichen bleiben.

Was also muss geändert werden? Eine Gesellschaft, die die Zwangsenteignung von Banken durch den Staat in Kauf nimmt, um nicht das eigene Sparbuch zu verlieren, wird auch die Kraft finden müssen, Fragen an anderer Stelle zu stellen und andere Antworten zu ertragen. Wo bleibt die große gesellschaftliche Debatte über die Ursachen der Krise?

Immerhin, über Teilthemen wird diskutiert, insbesondere, wenn's ums Auto geht, um Porsche und VW. Jeder konnte spüren, wie sich das Drama zuspitzte. Da sind zwar Familien, die bei VW und Porsche das Sagen haben, aber lieben tun sie sich offensichtlich nicht. Nicht recht klar wurde hingegen, wie Porschechef Wedeking es geschafft hat, innerhalb kürzester Zeit mehr als 9 Milliarden Euro in der »Kriegskasse« anzuhäufen, um damit bei VW die Aktienmehrheit zu erobern. Klamm bis zur Insolvenz soll Porsche gewesen sein und dennoch haben viele Banker mitgespielt. Wie war es möglich, dass in den Aufsichtsräten der beteiligten Banken niemand über diese Summen gestolpert ist?

»Et hätt noch immer jut jejange«

sagt der Rheinländer und freut sich, dass er noch lebt. Für alles andere findet sich, so meint er, irgendwie, irgendwann schon eine Lösung. Selbst ein Haushaltsloch ungeheurer Größe mag bei einer solchen Grundhaltung nur kurzweilig stören. Doch angesichts der desolaten Lage vertreten nahezu alle Experten die Meinung, dass der Bund sein Ziel eines ausgeglichenen Haushalts in absehbarer Zeit nicht mehr wird erreichen können.

Die Bundesregierung, insbesondere der konservative Teil, hat sich mit Vorgaben und Versprechungen zur bevorstehenden

Wahl so eingebunden, dass sich generell die Frage stellt, was Politik noch erreichen kann. Das, was da versprochen wird, ist schon bei gut gefüllten Kassen kaum zu bezahlen, erst recht aber nicht bei leeren. Ein paar Beispiele: Festlegung der Rentenhöhe auch über Lohnerhöhungen hinaus, Begrenzung bzw. Absenkung der Zahlungen an die Sozialversicherungssysteme, Steuersenkungswünsche in Teilen der Union und grundsätzlich bei der FDP.

Die meisten Wirtschaftsprognostiker gehen davon aus, dass die wirtschaftlichen Daten, die der Finanzminister den zukünftigen Haushalten zugrunde gelegt hat, viel zu optimistisch sind. Für das laufende Jahr erwartet er einen Steuereinbruch von 6%, danach schon wieder ein Plus. Demgegenüber trägt der Bundesbankpräsident vor, dass sich die wirtschaftliche Lage nicht so schnell zum Guten wenden werde.

Seit Jahren hat die deutsche Politik zugesehen, wie sich der Casino-Kapitalismus wie ein Krake breit gemacht hat. Heute sind selbst Banken mit gutem Leumund nicht gegen alle Versuchungen gefeit. Geld wird nicht zur Stützung der heimischen Wirtschaft ausgelegt (da bringt es ja zu wenig), sondern in zwielichtige Auslandsgeschäfte investiert. Munter geht die Zockerei im alten Stil weiter: Anwachsen des Geschäftsvolumens und Bewilligung von Boni in neuer Größenordnung. Beschwichtigend wird gern das amerikanische Beispiel genannt, wo die Gewinne wieder wachsen und die Spitzenmitarbeiter wieder Boni erhalten. Suggeriert wird auf diese Weise, dass die Banken zwar bei einem Ausrutscher auf der Bananenschale ins Schleudern gekommen sind, aber nun alles wieder im Griff hätten. Aber das amerikanische Beispiel ist kein gutes Beispiel.

Banken haben in Amerika eine ganz andere Rolle gehabt als in Europa. Banker bekamen immer schon Bonuszahlungen. So besteht Andrew Hall, ein Händler eines massiv staatlich gestützten Finanzkonzerns, darauf, dass ihm ein Bonus in Höhe von 100 Millionen Dollar zustehe, was in der Öffentlichkeit immerhin für einige Aufregung sorgte. Auch Christopher Flowers, der Investment-Banker, der sich bei der HSH Nordbank einkaufte und ähnliche Pläne bei der HDW realisieren wollte, erlebt nun, dass Prognosen sich nicht immer erfüllen. Ähnlich ergeht es dem Hedgefonds-Gründer Christopher Hohn, der einer Feuersbrunst gleich in der Szene auftrat und nun erfahren kann, wie es ist, wenn man kleine Brötchen backen muss. Sein Angriff auf die Deutsche Börse veranlasste das Magazin THE BUSINESS, ihn als einen der größten und mächtigsten Hedgies zu bezeichnen. Der Chef der Börse, Werner Seifert, den Hohn mit seinen Attacken zum Rücktritt zwang, wird die weitere Entwicklung mit einer gewissen Zufriedenheit abwarten.

Dabei hatte alles so wundersam angefangen. Von den großen Finanzmetropolen aus betrachtet war der deutsche Immobilienmarkt ein Eldorado: überschaubare Zinsbelastungen, vergleichsweise moderate Preise, verlässliche Planungen. Mehr als 60 Milliarden Euro steckten Finanzinvestoren ab dem Jahr 2000 in deutsche Immobilien, die sie mit Krediten bezahlten. Bei den ersten Anzeichen der Krise versuchten einige, ihre Objekte abzustoßen und anderswo an den Mann zu bringen; der italienische Reifenproduzent Pirelli übernahm von Blackstone allein 30.000 Immobilienprojekte.

Solange Mieteinnahmen und Zinsbelastung in ausreichender Balance waren, ging auch alles gut. Getrieben von überhöhten Renditeerwartungen glaubten viele ausländische Investoren, dass man in Deutschland wunderbar mit Schulden leben könne. Kann man auch, nur nicht grenzenlos. Die meisten werden sich von der blutigen Nase, die sie sich eingehandelt haben, wieder erholen, aber Narben werden bleiben. Und einige, die viel Geld an die Wand gefahren haben, werden an ihr Engagement in Deutschland eher ungern zurückdenken, wie beispielsweise Christopher Flowers.

Mitleid kann man mit jemandem haben, der eigenes Geld in die Hand nimmt und, weil er die Lage falsch einschätzt oder sich die Bedingungen plötzlich ändern, viel Geld verliert. Zorn ist dagegen angebracht, wenn die Verluste durch einen Mann verursacht werden, der sich den Titel »Jahrhundertbetrüger« ankleben lassen muss, und der auf Lebenszeit hinter Gitter geht. Wie dieser Bernard Madoff es aber schaffen konnte, jahrelang unentdeckt Anleger, Kontrolleure und Experten zum Narren zu halten, diese Frage müssen sich viele gefallen lassen, die in seinem Dunstkreis von Glanz und Glamour träumten. Ganz offensichtlich hat dieser Mann mit dem lächerlichsten aller Systeme – einem simplen Schneeballsystem – Anleger darüber hinwegtäuschen können, dass ihr Geld, schätzungsweise 65 Milliarden Dollar, nun für immer weg ist. Wurden die vorgeschriebenen Kontrollen nicht eingehalten, oder haben Runden auf gepflegtem Grün das positive Testat erbracht?

Vielen Fonds und Stiftungen, die ihr Geld in der Hoffnung angelegt hatten, mehr für den guten Zweck zu erreichen, mussten im Verlauf der Krise feststellen, dass ihnen nichts blieb außer Hohn und Spott. Und viele müssen sich heute die Frage gefallen lassen, ob sie nicht hätten besser wissen müssen, wie das Spiel lief. Wer auf außergewöhnlich hohe Dividenden gesetzt hat, kann nun darüber nachdenken, warum die anderen sich mit der marktüblichen Größenordnung zufrieden geben.

Ein Musterbeispiel dafür, was alles so schief lief, lieferte dieser Tage die HRE-Bank, die nach ihrem Wechsel in staatlichen Besitz sich den Fragen eines Untersuchungsausschusses offenbaren muss. Wie aus einer der Sitzungen zu erfahren war, sollen sich der zuständige Vertreter der Bundesbank und der Bundesanstalt für Finanzdienstleistungsaufsicht (BaFin) darüber verständigt haben, wie oft sie durch persönliche Teilnahme an Aufsichtsratssitzungen ihre Kontrollpflichten wahrnehmen wollten, nämlich höchst restriktiv und nur in Ausnahmefällen. Diese Übereinkunft wurde selbst dann nicht zurückgenommen, als die Branche insgesamt ins Rutschen kam. Vom Gesetzgeber vorgesehene Kontrollen können aber kaum Erfolg haben, wenn man Sitzungen schwänzt. Auch das, was sonst noch von den Akteuren im Verlauf der Rettungsaktionen an Torheiten vorgeführt wurde, lässt ganz massiv an der Effektivität unserer Kontrollorgane zweifeln.

Auch die enge Verflechtung zwischen Staat und Bankenbranche in der »Initiative Finanzplatz Deutschland« ist nicht gerade bekömmlich für eine kritische Beobachtung des finanzwirtschaftlichen Handelns. Hier hat der Staat vielfach die Rolle des Beschützers übernommen, der aus Angst vor krisenhafter Zuspitzung vor allem die Interessen seiner Mitstreiter wahren möchte und nicht unbedingt die Interessen der Bürgerinnen und Bürger. Längere Zeit konnte sogar die allgemeine Öffentlichkeit zusehen, wie quasi insolvente Banken versuchten, die Spielregeln, unter denen der Staat helfen kann, zu ihren Gunsten neu zu definieren.

Hier ist noch einmal festzuhalten, dass die Bankenaufsicht in Deutschland zweigeteilt ist. Während die Deutsche Bundesbank für die laufende Überwachung der Banken zuständig ist, kann die BaFin über die Schließung von Banken und/oder die staatliche Beteiligung an Banken entscheiden. Ob und wie die Bankenaufsicht im Falle der HRE-Bank versagt hat, prüft zurzeit der Untersuchungsausschuss. Die Ergebnisse dieser Untersuchung können zu ganz unterschiedlichen Folgerungen führen: Sie können die Kontrollkapazität der Bundesbank und der BaFin stärken, sie können aber auch die Bundesbank gegenüber der BaFin bevorzugen. Gewinnt die Bundesbank in dieser Angelegenheit, verliert sie in einer anderen – ihrer Unabhängigkeit gegenüber der Regierung. Das wäre ein neues Dilemma, das uns dann auf Dauer begleiten könnte.

Erst allmählich scheint auch die Einsicht zu reifen, dass zur effektiven Kontrolle international vernetzter Banken auch eine funktionstüchtige europäische Finanzaufsicht zu schaffen ist, die nach der Krise die Regeln neu definieren muss. Eile scheint geboten. Was aber tun, wenn einerseits Eile geboten ist, andererseits aber keine Übereinstimmung über den Weg und das Ziel besteht? Auch die EU-Kommission hatte die EU-Mitgliedstaaten angehalten, Geld in die Wirtschaft zu pumpen, um den Zusammenbruch des Finanzsystems zu verhindern. Kaum war das geschehen, wurde zwölf Mitgliedsstaaten ein Verfahren wegen Überschreitung der nationalen Verschuldensobergrenzen angedroht.

Dabei hatte die Kommission sowieso schon einige Mühe, das Gesicht zu wahren. Bei der Vorstellung erster Ideen zu einer neuen Kontrollstruktur für die innereuropäischen Finanztransaktionen war man nämlich ein wenig ins Schleudern geraten. Der Vorschlag lief darauf hinaus, dass je eine Behörde, verteilt auf Paris, Frankfurt und London verantwortlich sein sollte für die Banken-, Versicherungs- und Wertpapieraufsicht, darüber wachend ein Rat für Systemrisiken. Da alle großen Finanzinstitutionen jederzeit Risiken aus den drei aufgeteilten Bereichen eingehen, kann man sich lebhaft den täglichen Abstimmungsbedarf vorstellen, der ja schon in der jetzigen Krise den Zusammenbruch nicht völlig hatte verhindern können. So hatte insbesondere der irische Staat mit seiner verfehlten Steuer- und Finanzpolitik erst sich selbst und dann andere in Bedrängnis gebracht, und Deutschland hat sein besonderes Problem mit der

HRE-Bank. In beiden Fällen wurde aber davon abgesehen, diejenigen voll an den Kosten zu beteiligen, die das Desaster verursacht hatten.

Die EU-Kommission hat also noch einiges an Arbeit zu leisten, alle Mitgliedsstaaten davon zu überzeugen, dass abgestimmtes Handeln und gesamteuropäische Kontrolle allen besser bekommt, als die aus Nationalstolz geborene Ablehnung der Kontrolle im eigenen Haus. In der knappen Zeit von wenigen Monaten muss die Kommission nun einen zwischen den Mitgliedsstaaten, dem Europäischen Rat und dem Europaparlament abgestimmten Richtlinienentwurf zur Finanzkontrolle auf den Weg bringen. Das Parlament muss dann die Interessen einzelner Staaten prüfen und abwägen, die Kommission muss praktische Umsetzungsvorschläge erarbeiten, und die Vertreter der Mitgliedsstaaten dürfen nicht wieder aufs hohe Ross der Eigenständigkeit steigen, von dem sie dann nicht mehr herunterkommen. Aus der Krise könnte also der Aufbau einer gesamteuropäischen Finanzverfassung entstehen.

Finanzkrise und Automobilkrise

Die Autoindustrie ist eine der Branchen, die von der Krise am meisten gebeutelt wurden. Hier rächt sich das langjährige Gebräu aus Glauben an die eigene Unfehlbarkeit, aus bodenlosem Leichtsinn, ökonomischer Dummheit, ökologischer Ignoranz und intellektueller Trägheit. Man selbst war die »Zukunft«, zurück waren immer nur die anderen. Solange der Absatz expandierte, zuhause und in China, solange die Gewinne zu den Steueroasen verschoben werden konnten, immer schön am Fiskus vorbei, war die Welt noch in Ordnung. Erst als die ersten Risse in der Fassade nicht mehr übertüncht werden konnten, schwante es einigen, dass die Feier mit einem Misston zu Ende ging.

Obwohl auf der Suche nach dem großen staatlichen Geld, leistet sich das Management der amerikanischen »Großen Drei« – General Motors, Ford und Chrysler – Frechheiten der Sonderklasse und ein obstinates Wegschauen vor der verheerenden

Wirkung ihres Auftritts auf dem Kapitol, wie viel beachtete Aufnahmen in Fernsehen und Internet bezeugten.

In Deutschland lässt sich der neue DIHK-Präsident mit den Worten zitieren: »Ich kenne keine Automobilmarke, die sakralen Rang hat«. Wenn ein Unternehmen strategische Fehlentscheidungen getroffen habe, dann seien halt Anpassungen nötig. Solche Ansagen hätte man vielleicht früher gern hören mögen, als die deutsche Automobilindustrie, überzeugt von der Überlegenheit ihrer Produkte, der so genannten Premiumklasse, jeden Vorschlag zur durchgreifenden Ökologisierung ihrer Flotte schroff zurückwies: Emissionsreduzierung, Hybridisierung und Elektrifizierung waren ihre Themen nicht. Die deutsche Autoindustrie wäre daher auch ohne die finanziellen Verwerfungen in absehbarer Zeit in eine Krise geraten, weil die Nachfrage nach großen, spritfressenden Autos ganz sicherlich zurückgehen wird. Schon ein einziges Gesetz in einem kleinen Land, das Verbot großer Autos als Taxis in Dänemark, bedeutet nicht nur Imageverlust für Mercedes, sondern auch Arbeitsplatzverluste in Deutschland. Die Opelaner bangen derweil um ihre Arbeitsplätze, die sie mit vielen kreativen Ideen, aber auch mit persönlichem Verzicht auf Lohn und Sondervergütung retten wollen.

Auch mit Blick auf die Autoindustrie könnte man argumentieren, dass der wirtschaftliche Strukturwandel in »alten« Industrienationen immer schon schmerzhafte Anpassungsprozesse zur Folge gehabt habe, die aber in mittlerer Frist zu einer neuen Allokation von Technik, Kapital und Wohlstand geführt hätten. Generell ist dieses Argument nicht von der Hand zu weisen. Der Strukturwandel sollte aber so gestaltet werden, dass es nicht zu verheerenden Zusammenbrüchen vor Ort und auch nicht zu dramatischen Schleif- und Bremsspuren andernorts kommt. Genau das aber könnte beim Niedergang von Opel eintreten. Und in dieser Situation leistet sich die politische Klasse intensive ideologische Auseinandersetzungen, die viel Zeit für konstruktive Lösungen auffressen.

In Berlin tobt wochenlang ein Machtkampf über einen möglichen Einstieg des Staates bei Opel und die Verhandlungen mit General Motors. Als dann die österreichische Firma Magna das Signal gibt, bei Opel einsteigen zu wollen, stellt sich nach kurzer

Prüfung der Eindruck ein, dass dieses Unternehmen eigentlich selber der Hilfe bedürfe.

Derweil liefern die Familien Piech und Porsche sich und der Öffentlichkeit ein Schauspiel nach Art einer griechischen Tragödie. Wie die Beteiligten es drehen und wenden, die Götter haben schon längst den Daumen gesenkt. Und wieder einmal ist es der Alte, den die Götter bevorzugen. Mit Tricks aus der Kiste, mit Nerven aus Drahtseil, dahin gestreuten Gemeinheiten über den Gegner spielt er vom ersten bis zum letzten Zug Schach auf höchstem Niveau. Da der Alte das Spiel kennt, kann der Junge nicht gewinnen.

Inzwischen versuchen die Kommentatoren wieder schönere Schlagzeilen zu bekommen: Porsche geht mit VW zusammen oder umgekehrt. Dass dabei keine reine Freude aufkommen will, liegt wohl daran, dass die Kulturen der beiden Unternehmen höchst unterschiedlich sind, aber auch die Zusammenarbeit mit dem Staat. Daher streichen die einen schnell das Kürzel VW und ersetzen es durch Mercedes. Und wie immer, wenn ungewöhnliche Situationen gemeistert werden müssen, erscheinen auch China, Bahrain und Katar auf der Bühne. Das muss wohl damit zusammenhängen, dass es schön ist davon zu träumen, jemand gäbe ein Vermögen dafür aus, an einem deutschen Unternehmen beteiligt sein zu dürfen. Und ein solcher Traum richtet das geknickte Selbstbewusstsein vieler natürlich schnell wieder auf.

Übersehen wird dabei, dass es für die Automobilindustrie nicht nur um den Umgang mit der Finanzkrise geht, sondern dass es sich um eine Strukturkrise handelt, die anhalten könnte, wenn die Finanzkrise wieder vorbei ist. Auffallend bei allen Analysen, die angestellt werden, ist ein anderes, wiederkehrendes Bild: Männer, die vom Glück verwöhnt waren, Unternehmen, die aufblühten, Ruhm erlangten und viel Geld ausschütteten. An diesem Bild sind allerdings nicht wenige Kratzer, die das Image der Glücksritter und Musterunternehmen verdunkeln und die keiner sehen will, weil sich ja sonst eine Reihe unangenehmer Fragen stellen würden.

Der Fall Opel: eine Chronologie*

14. November 2008: Nach Absatzrückgang und massiven Verlusten ruft Opel als erster deutscher Autohersteller nach dem Staat. Eine Bürgschaft von Bund und Ländern soll Opel stützen. Es geht nach Unternehmensangaben um »etwas mehr als eine Milliarde Euro«.

10. Dezember: Der Vorsitzende des Opel-Gesamtbetriebsrates fordert die Unabhängigkeit von General Motors (GM) und plädiert zur Gründung einer Opel AG. Er fordert ein neues, tragfähiges Geschäftsmodell für Opel und bietet im Gegenzug finanzielle Zugeständnisse der Belegschaft an.

17. Februar 2009: Der Mutterkonzern GM will 47.000 Stellen streichen, davon 26.000 außerhalb der USA. Die Bundesregierung ist alarmiert, zögert aber noch zu handeln.

27. Februar: Opel will sich weitgehend von GM abkoppeln. Das vom Staat benötigte Kapital für ein neues europäisches Unternehmen Opel/Vauxhall wird auf 3,3 Milliarden Euro geschätzt. Als Ausweg aus der Krise wird erstmals die Insolvenz diskutiert.

2. März: Der Bundesregierung wird ein Rettungsplan vorgelegt. Das politische Tauziehen um die »beste Lösung« beginnt. Bundeswirtschaftsminister zu Guttenberg bringt die »geordnete Insolvenz« ins Spiel.

31. März: Kanzlerin Merkel stellt Hilfe für Opel in Aussicht, aber keinen direkten Staatseinstieg. Für eine ausdrücklich vorübergehende Lösung plädieren die Arbeitnehmervertreter von Opel, Teile der SPD und die Linke. Im Nachhinein stellt sich heraus, dass die Absage an die direkte Staatsbeteiligung insofern ein Fehler war, als GM zu der Zeit wirtschaftlich am Boden lag und einer Abspaltung von Opel wohl hätte zustimmen müssen.

23. April: Fiat bekundet, Opel übernehmen zu wollen. Die Arbeitnehmer sind dagegen, weil das Konzept von Fiat nichts tauge.

28. April: Der österreichisch-kanadische Autozulieferer Magna legt ein erstes »Grobkonzept« für Opel vor. Die Prüfung

---

*   In Anlehnung an eine Darstellung in der FRANKFURTER RUNDSCHAU vom 5. November 2009 zieht sich hin. Der Bundeswirtschaftsminister wiederholt mehrfach seinen Vorschlag auf ein Insolvenzverfahren.

27. Mai: GM kündigt an, sein Europa-Engagement mit der Hauptmarke Opel rechtlich abzuspalten.

30. Mai: Bund, Länder, GM, Magna und das US-Finanzministerium einigen sich auf ein Rettungskonzept. Damit wird der Weg frei für einen Überbrückungskredit von 1,5 Milliarden Euro an Opel sowie das umstrittene »Treuhand-Modell«, nach dem der deutsche Staat sich nicht direkt an Opel beteiligen will. Die Crux: GM sitzt mit im Boot und ist mit 35 % an dieser Treuhand beteiligt, 65 % liegen bei Bund und Ländern. Hessen beschließt, sich mit fast 450 Millionen Euro an der Rettung von Opel zu beteiligen, die größte Bürgschaft, die das Land je eingegangen ist.

1. Juni: GM reicht in New York einen Antrag auf Insolvenz mit Gläubigerschutz ein.

10. Juli: GM wird aus der Insolvenz entlassen. Mehrheitlich in Staatshand soll GM wesentlich verkleinert werden; es fließen 50 Milliarden Dollar an Steuergeld. Die Bundesregierung zögert weiter, obwohl sich abzeichnet, dass GM es sich mit der Opel-Abtrennung anders überlegen könnte.

5. August: Erneutes Spitzentreffen zwischen Bund, Ländern und GM. Laut Medienberichten versucht GM, seine Tochter zu halten. EU-Beamte äußern »starke Bedenken« gegen eine staatliche Hilfe für den Investor Magna, weil vermutet wird, dass Deutschland seine Bereitschaft, die Opel-Sanierung zu unterstützen, von der Rettung von deutschen Arbeitsplätzen abhängig mache.

19. August: Bund und Länder wollen die Kreditzusagen und Garantien für Opel über 4,5 Milliarden Euro ohne Beteiligung der anderen europäischen Länder mit Opel-Standorten vorstrecken, wenn GM sich für Magna entscheidet.

10. September: Der GM-Verwaltungsrat empfiehlt einen Verkauf von Opel an Magna. Die Treuhand genehmigt das Geschäft, aber offenbar ohne GM stark genug zu verpflichten, Zusagen auch einzuhalten.

23. September: Die EU-Kommission veröffentlicht eine Erklärung über die von der Bundesregierung geplanten Hilfen in Höhe von 3 Milliarden Euro. Sie betont, dass Zahlungen

vollständig mit dem EU-Beihilferecht übereinstimmen müssen und nicht den Wettbewerb verzerren dürfen.

24. September: Der Staatssekretär des Bundswirtschaftsministeriums versichert, die Bundesregierung werde alle Fragen der EU-Kommission beantworten.

29. September: Die EU-Wirtschaftskommissarin ist mit der Antwort nicht zufrieden. Sie fordert weitere Informationen aus Berlin an.

16. Oktober: In einem Brief an den Bundeswirtschaftsminister äußert die EU-Kommissarin schwere Bedenken gegen die von der Bundesregierung versprochenen 4,5 Milliarden Euro an Staatshilfen für Magna. Sie fordert die Bundesregierung auf, Zusicherungen von der Opel-Mutter GM und der Opel-Stiftung vorzulegen, dass der Verkauf an Magna allein aus betriebwirtschaftlichen Gründen zustande kam und auch ohne Zusicherung staatlicher Hilfen über die Bühne gegangen wäre.

17. Oktober: Die Bundesregierung antwortet umgehend. Beigefügt sind Kopien der Briefe, in denen sie die Erklärungen anfordert. Der Bundeswirtschaftsminister bringt zum Ausdruck, dass die staatliche Unterstützung auch für andere Investoren zur Verfügung stehe, nicht nur für Magna. GM und die Opel-Stiftung liefern die von Brüssel geforderten Zusicherungen nicht.

26. Oktober: Die EU-Kommission gibt bekannt, sie wolle ihre Prüfung der Opel-Hilfen bis zum 27. November abschließen.

3. November: Der GM-Verwaltungsrat beschließt, Opel doch zu behalten. Der Mutterkonzern GM will das Europa-Geschäft selbst sanieren.

4. November: Die Entscheidung sorgt für Empörung. »In keiner Weise hinnehmbar« sei das Verhalten von GM, sagt der neue Bundeswirtschaftsminister Brüderle. Die IG Metall kündigt Warnstreiks an. Die EU-Kommission stellt klar, dass die Entscheidung über mögliche Staatshilfen für GM allein in Deutschland oder anderen Staaten mit Opel-Werken liege.

Das Versagen der Bankenaufsicht

Wir haben viel von Banken, Bankiers und Bankern gehört, aber nicht genug von der Bankenaufsicht. Zu fragen wäre hier viel. Fangen wir mit einer netten, biologischen Frage an: Hat denn niemand aus der Bankenaufsicht gemerkt, dass da ein ziemlich hässliches Exemplar von Dinosauriervogel im Nest einer kleinen, zerzausten Spatzenfamilie gelandet war? Ein Exemplar, das nachträglich zum systemrelevanten, besonders geliebten Angehörigen der gesamten Vogelschar verklärt werden musste? Bezogen auf unsere reale Welt, könnte sich dieses niedliche natürliche Bild ganz dramatisch übersetzen lassen: maßlose Vorstände, machtlose Bankenaufsicht, unkontrollierte Tochter- und Enkelinnenfirmen, verkaterte Politik.

»Die Mutter aller Pleiten« titelte die ZEIT und zeigte in acht Punkten, wie Einzelne alle anderen vorführten, bis die HRE-Bank zum teuersten aller Rettungsfälle der deutschen Wirtschaftsgeschichte wurde. Ein Mann mit Durchschnittsnamen und Durchschnittskarriere lehrte die Deutschen das Fürchten und konnte nur mit massiven Finanzspritzen daran gehindert werden, die deutsche Wirtschaft mit in den Abgrund zu reißen. Er klagt nun gegen seine Kündigung und betrachtet die Aktionen zur Rettung seiner Bank als ihm zustehend, auch wenn dies gegen den Willen vieler Bürger geschah, die nicht einsehen wollen, warum der Staat einem Zocker helfen soll, der obendrein noch uneinsichtig, eitel und unbelehrbar zu sein scheint. Man kann es auch anders sehen: Mit ihm verloren die Worte »Verstaatlichung« und »Enteignung« ihre Schrecken – und das ist in Deutschland immerhin eine Neuigkeit. So hat er denn unfreiwillig einen Dienst zur besseren Beurteilung von wirtschaftlichen Abläufen geliefert.

Das HRE-Debakel hat aber auch seine eigene, längere Geschichte. Wer zu verstehen versucht, wie es dazu kommen konnte, wird sich auch mit der Hypo Vereinsbank befassen müssen, die an ihrem eigenen Größenwahn erstickte. Dieser Bank geht es schlecht, in ihren Büchern stehen Darlehen in Höhe von 500 Milliarden Euro, vieles davon Immobiliengeschäfte, die mit Sicherheit kein Prädikat der Stiftung Warentest erhalten würden. Es wird eng um diese Bank, als die ersten Kredite platzen. Man trennt sich von Tochterfirmen, behält Privatkunden und gründet eine neue Bank. Bertolt Brecht hätte gewiss seine Freude an einer solchen Bestätigung seiner Thesen über die Gründung von Banken gehabt.

Aber es sind ja nicht nur die Bankmanager, deren Handeln allgemein Unmut hervorruft. Auch andere Manager, nach vielfacher eigener Einschätzung die »wahren Säulen« der Gesellschaft, sind immer häufiger mit dem Vorwurf konfrontiert, das Wohlergehen von Staat und Gesellschaft mit dem eigenen Wohlergehen gleichzusetzen. Thomas Middelhoff, als Chef von Karstadt-Quelle einst strahlender Held auf der Bühne der großen Wirtschaftskapitäne, gerät ins Visier der Essener Staatsanwaltschaft mit dem Verdacht, Dienstliches und Privates vermischt zu haben. Dabei geht es unter anderem um Immobilien, die zu Höchstpreisen vermittelt wurden, aber alles andere als höchst wertvoll waren.

Am Anfang der Krise stand die Pleite von Lehman Brothers in Amerika. Sie wurde bei uns zwar zur Kenntnis genommen, löste aber zunächst noch keine allgemeine Nervosität aus. Wer damals vorausgesagt hätte, die Große Koalition in Schleswig-Holstein werde als Folge dieses amerikanischen Ereignisses platzen, wäre nicht ernst genommen worden. Doch langsam hielt das Pleiteszenario Einzug. Die Bayerische Landesbank kam als erste in den Blick und wurde schnell zum Gespött der schreibenden Zunft; die Sachsenbank kam als nächste und riss letztendlich den Ministerpräsidenten mit sich fort. Dagegen sah die HSH Nordbank noch keine Probleme: Bonität und Seriosität, nordische Haltung, Zuverlässigkeit, anständige Kaufmannstugend, so lauteten die Signale. Etwas später dann das Eingeständnis, dass doch Korrekturen vorgenommen werden mussten: knapp über 200 Millionen Euro, ein Klacks gegen die Summen, die bei der Bayerischen und der Baden-Württembergischen Landesbank die Häuser zum Beben brachten. Wir sind noch mal davon gekommen, hieß die Parole in Hamburg und Kiel, uns geht's ja noch Gold. Doch dann plötzlich: ein Loch von 1,3 Milliarden Euro in den Bilanzen!

Und es begann eine große Rettungsaktion seitens des Ersten Bürgermeisters von Hamburg und des Ministerpräsidenten von Schleswig-Holstein: 3 Milliarden Euro an frischem Geld mussten her und schnell musste es gehen, zu teilen zwischen den beiden Eignerländern. Und dann noch mal 10 Milliarden an Garantien obendrauf. Ob das reicht, weiß aber niemand genau. Das sagte auch der Schleswig-Holsteinische Wirtschaftsminister Marnette, dem nachvollziehbar der Kragen platzte, worauf er nachvollziehbar von seinem Amt zurücktrat.

Doch nun ging immerhin ein Ruck durchs Land. Die Presse, die Landtagsfraktionen, Fachleute aus Wirtschaft und Wissenschaft beschäftigten sich mit dem Thema. Die Kritik am Ministerpräsidenten nahm zu – auch in den eigenen Reihen – und wurde immer lauter. Die Sparkassen, die fürchteten, für das Debakel bei der HSH Nordbank einspringen zu müssen, behandelten ihre Kunden, die kleineren und mittleren Unternehmen, plötzlich eher restriktiv, statt wie zuvor die lokale und regionale Wirtschaft großzügig mit Krediten zu versorgen.

Kein Jahr später, aber um viele Erfahrungen auf nationaler und internationaler Ebene reicher, kam dann die Schelte von höchster Stelle. Es ist der 60. Geburtstag des Deutschen Gewerkschaftsbundes und alle, alle kamen. Man tauschte die üblichen Artigkeiten aus, die Kanzlerin sowieso. Aber auch Westerwelle vermied es, sein Steckenpferd zu satteln und die Gewerkschaften, die in seinen Augen bisher immer als die wahre Plage in Deutschland rangierten, an ihrem Geburtstag zu beschimpfen. Es hätte also ein schönes, rundes Fest werden können. Wurde es aber nicht, denn der Ehrengast, Bundespräsident Horst Köhler nutzte die Gelegenheit und holte aus: 3,3 Millionen Menschen ohne Arbeit, Grund genug für schnelles Handeln.

Er begann mit den Worten: »Zur Sache…« und redete dann Klartext. Den anwesenden wie den nicht anwesenden Bankern müssen die Ohren geklingelt haben, denn sie waren die Zielscheibe präsidialen Zorns. Ihr Verhalten vor und während der Krise gab ihm Stoff genug zum Angriff: »Tatsächlich beobachten wir auf den internationalen Finanzmärkten schon wieder ein *deja vu* mit Hütchenspielern im Shadow-Banking, mit intransparenten Derivate-Geschäften und Spekulationen auf den Rohstoffmärkten«, und er fügt hinzu: »Ja, ich sehe das ›Monster‹ noch nicht auf dem Weg der Zähmung«.

Man ahnt, wie dem Bundespräsidenten die Contenance hätte abhanden kommen können, hätte er schon gewusst, was einige Wochen später die neuen Schlagzeilen ausmacht: die geplanten Bonuszahlungen der großen amerikanischen Banken.

Allein von Juli bis September 2009 verdiente JP Morgan 3,6 Milliarden Dollar. Das ist das Siebenfache der Vorjahresperiode. Die Krise des Finanzmarktes verschaffte den nötigen Spielraum, um andere zu schlucken, deren Marktanteile JP Morgan in den Schoß fielen. In anderen Bankbereichen sah es dagegen zappenduster aus, wie bei den 416 Regionalbanken: sie werden auf einer internen, so genannten Todesliste des Einlagesicherungsfonds FDIC geführt.

Ansonsten machen die Großen, was ihnen weiter erlaubt ist: billiges Geld zu lächerlich niedrigen Zinssätzen bei der Zentralbank leihen, mit Anleihen handeln und vom Überschuss leben. Vergessen, dass die Notenbanken Wertpapiere aufkauften, um sie zu stützen, vergessen die aufgebrachten Unsummen, die nicht primär der Wirtschaft zugute kamen sondern den Banken. Rettungspakete wurden wie Care-Pakete geschnürt, den Steuerzahlern wurden ungeheure Konjunkturprogramme aufgebrummt. Und das alles zur Rettung der Systemrelevanten.

Als bitterer Abschluss der Rede des Bundespräsidenten auf dem Gewerkschaftstag dann seine Kritik am jüngsten G20-Treffen in Pittsburgh: »Ich kann aber, ehrlich gesagt, aus den veröffentlichten Beschlüssen von Pittsburgh leider noch nicht entnehmen, dass sich eine Krise dieser Dimension auf den Weltfinanzmärkten nicht doch eines Tages wiederholen kann«.

Das nennt man üblicherweise eine kalte Dusche, eine Abreibung, eine Ohrfeige, einen Schlag auf den Hinterkopf, eine Mahnung oder eine unermessliche Enttäuschung. Es ist alles, nur kein Lob. Die Regierenden hätten sich eigentlich schluchzend in die Ecke stellen müssen: ihre als systemrelevant gehätschelten Banken als »Hütchenspieler« und »Shadowboxer« geoutet, der neuen Regierung ein gestrenges »Nicht weiter so!« mit auf den Weg gegeben.

Wenn aber systemrelevante Marktteilnehmer als ehrlose Gesellen unschwer zu erkennen sind, dann fragt man sich, wieso der deutsche Steuerzahler sich auf Jahre verpflichtet hat, auf alle möglichen eigenen politischen Wünsche zu verzichten, damit es den Systemrelevanten wieder gut gehe. Den Anspruch auf einen Platz im Tempel haben sie schon lange verloren. Empathie ist ihnen fremd. Und wenn nur mit ihrer Hilfe das System stabilisiert werden kann, dann stellt sich die Frage nach der Wahrhaftigkeit und Werthaltigkeit dieses Systems.

»Jagt sie aus Tempel, baut bessere Systeme auf, nehmt sie in die Verantwortung, auch finanziell« – so oder ähnlich lauteten die Forderungen noch vor kurzem. Über die Begrenzung der Einkommen und der Bonuszahlungen wurde offen diskutiert, wie über die Kontrolle aller Bankenprodukte und -dienstleistungen. Und nun?

Gesellschaftliche Ächtung ist leicht gefordert, aber schwer durchzusetzen. Immer noch sind diejenigen, denen wir die derzeitige Instabilität der wirtschaftlichen und gesellschaftlichen Entwicklung zu verdanken haben, die Säulen eben dieser Gesellschaft. Sie zieren weiter die »social events« und glauben selber daran, dass nur mit ihnen Veranstaltungen an Glanz und Gloria gewinnen. Sie stehen weiterhin im Mittelpunkt der Aufmerksamkeit, bekommen mehr Streicheleinheiten als sie verdient haben, geschweige denn verarbeiten können. Was also sollte die Banker davon überzeugen, dass etwas nicht stimmt, wenn die eine Hälfte der Anwesenden sich um sie drängen und die andere Hälfte nachzuweisen versucht, man sei schon in der Sandkiste der Spielkamerad gewesen?

Der Staat kann nicht verordnen, dass jemand, der die allgemeinen gesellschaftlichen Sitten nicht einhält, entsprechend geächtet wird. Aber er kann bestimmte Spielregeln aufstellen und eingreifen, wenn gegen sie verstoßen wird. Dieses würde den gesellschaftlichen Ruhm Einiger zu Recht als das kennzeichnen, was es ist: heiße Luft. Und damit wäre ein Teil des Images der Banker weg, ebenso wie die frühere soziale Überhöhung.

Wenn die Medien aber weiterhin die verbalen Absonderungen der Banker und ihrer Ökonomen als »Wort zum Sonntag« mit entsprechender Ergriffenheit servieren, dann wundert es nicht, wenn diese glauben, sie bekämen Gottes Wort in Form von Bilanzen und Renditen serviert. Im Allgemeinen gehen die meisten Menschen davon aus, dass Zukunft immer einen Kern Ungewissheit in sich trägt. Nicht so deutsche Volkswirte, wenn sie als Experten im Dienste einer Bank oder eines industrienahen Instituts stehen. Da wird munter vorhergesagt, festgeschrieben, beglaubigt, projektiert und bestätigt, was man selbst als pure

Behauptung in den Raum gestellt hat. Das Bruttoinlandsprodukt war bereits um runde 7 % eingebrochen, als das DIW behauptete, die Krise sei beherrschbar; keinesfalls drohe eine Rezession. Da wird als in Stein gemeißelte Wahrheit verkündet, dass die Volkswirtschaft in die Knie ginge, wenn den Forderungen der Gewerkschaften nachgegeben werde, denn die haben ja kein Verständnis für wirtschaftliche Zusammenhänge.

Im neoliberalen Grundverständnis sind es immer die Gleichen, mit den gleichen Drohungen und Warnungen. Die Welt geht unter, nur Lohnverzicht und Bescheidenheit (bei den anderen) bringt uns weiter, nur frei flexible Einkommen sind gute Einkommen, Umweltauflagen sind nur geschaffen worden, um Unternehmer zu vergraulen usw. usf. Würde das alles stimmen, dann hätten Äthiopien oder Burkina Faso den Status von Industriestaaten. Haben sie aber nicht, also muss erlaubt sein, nachzufragen, ob es nicht an was ganz anderem liegen könnte.

Seit dem Jahr 2000 explodierten die Gewinne deutscher Kapitalgesellschaften um 443 %, die Arbeitnehmerentgelte stiegen dem gegenüber nur um 4 %. Zum Ausgleich wächst der Niedriglohnsektor, klafft die Schere zwischen Arm und Reich immer weiter auseinander, nehmen Leiharbeit, Praktikantenarbeit und prekäre Arbeitsverhältnisse sprunghaft zu. Wer daran Kritik übt, wird angeschwärzt von so genannten Wissenschaftlern, die entweder bei Banken oder industrienahen Einrichtungen tätig sind. Wem da nicht der weise Spruch einfällt: »Wes Brot ich ess, des Lied ich sing«.

In seiner Festansprache zum 60. Gewerkschaftsgeburtstag beklagt der Bundespräsident zum Schluss, was passieren kann, wenn »mächtige wirtschaftliche Akteure den Blick fürs Ganze und den Blick über den Tag hinaus verlieren«. Er fordert eine energische staatliche und zwischenstaatliche Ordnungspolitik zur Regulierung des Wirtschafts- und Finanzlebens. Und er stellt fest: Der Markt alleine richtet nicht alles zum Guten. In seinen Augen ist nur der Staat stark, der für den ordnungsgemäßen Ablauf auf den Märkten strenge Regeln setzt. Und stark ist ein Sozialstaat, der keine Versprechen macht, die er nicht halten kann.

Die Rathauszocker

Bisher war viel von Bankern und Managern die Rede und von ihrem Beitrag zum Entstehen und Verlängern der Krise. Es gab aber auch noch andere Zocker, und viele davon saßen (und sitzen) in unseren Rathäusern.

Diesmal begann es im Osten: Leipzig verkaufte Straßenbahnen an die amerikanische Bank First Union und leaste sie umgehend zurück. Das »Cross Border Leasing«, eine grenzüberschreitende, verschlungene Form des Leasings, kam in Mode, für das es bald nur noch das magische Kürzel gab – CBL. Eine Kommune verkauft, unter Beteiligung von Banken, ihr Eigentum an einen ausländischen Investor, um es sogleich zurückzumieten. Durch eine spezielle Regelung im US-amerikanischen Steuerrecht konnte der Geldgeber eine Investition im Ausland günstig abschreiben und so erheblich Steuern sparen; einen Teil dieser Ersparnis gibt er an die Kommune im Ausland (in Deutschland) weiter. »Barwertvorteil« haben die Erfinder des CBL diese Zahlung getauft, ein Begriff, den es im Finanzwesen aber gar nicht gibt. In Wirklichkeit bereichern sich beide Seiten auf Kosten eines anonymen Dritten – des amerikanischen Steuerzahlers.

Das CBL-Geschäftsmodell hat deutsche Kommunalpolitiker kollektiv regelrecht um den Verstand gebracht: Berlin, Bielefeld, Bonn, Bremen, Darmstadt, Dresden, Duisburg, Düsseldorf, Essen, Jena, Karlsruhe, Kassel, Köln, Konstanz, Ludwigshafen, Magdeburg, Mannheim, Rostock, Ulm, Wittenberg – all diese Städte und viele mehr machten ihre Kläranlagen, Messehallen oder Straßenbahnen zu Geld, je nachdem, was sich so anbot. Totes Kapital schien mit einem mal lebendig zu werden. Und in Zeiten knapper Kassen schien alles recht, was die Knappheit überwinden hilft.

In ganz Europa haben Städte, Zweckverbände und kommunale Unternehmen über Jahre solche Verträge mit amerikanischen Investoren unterzeichnet – doch die Deutschen waren dabei besonders eifrig. Rund 150 Städte, so viel wie in keinem anderen Land der EU, haben solche Geschäfte abgeschlossen, manche gar mehrere. Die Schätzungen über das Gesamtvolumen dieser Verträge schwanken. Werner Rügemer, der diesen

Skandal systematisch untersucht hat, kommt auf die Größenordnung von 50 bis 80 Milliarden Euro.

Die Gier erfasste kleine wie große Städte, reiche wie arme. Anfangs war es das Rollmaterial der kommunalen Verkehrsbetriebe, wie Straßen- und U-Bahnen, die verkauft und zurückgeleast wurden. Danach kamen Müllverbrennungsanlagen, Klärwerke und Abwasseranlagen an die Reihe. Später folgten dann Messehallen, Tunnel, Bahnhöfe und Oberleitungen. Als dann allmählich diese Objekte ausgingen, wurden selbst Krankenhäuser verkauft (in Chemnitz und Leipzig), Schulzentren und sogar das Rathaus (in Gelsenkirchen).

Die Konditionen waren dabei fast immer die gleichen: Der Vertrag zwischen Kommune und Investor läuft über 99 Jahre. Ihren Verkaufserlös – einen kleinen Teil der Steuerersparnis – erhält die Kommune sofort als Einmalzahlung, in der Regel 4 % des Transaktionsvolumens. Danach wird ihr nichts mehr ausbezahlt. Der Rest des Kaufpreises bleibt auf den Konten einer Bank. Möchte die Kommune ihren Besitz nicht erst nach 99 Jahren zurückerwerben, muss sie kündigen und ihre Anlagen gegen einen hohen Betrag zurückkaufen.

Immerhin: in einigen Städten (wie Bottrop, Erfurt, Leverkusen, München, Saarbrücken, Wiesbaden) setzten sich die Kritiker durch und verhinderten solche Vertragsabschlüsse.

Rügemer fand noch andere spektakuläre Besonderheiten heraus: Der amerikanische Investor selbst war den deutschen Kommunen oft gar nicht bekannt. Die CBL-Verträge, die meist mehr als 1.000 Seiten umfassen, lagern in den USA; kein einziger davon soll je ins Deutsche übersetzt worden sein. In den deutschen Rathäusern liegen bestenfalls Zusammenfassungen vor, die aber im Streitfall vor den Gerichten keinen Bestand hätten. Wer sich dieser Verträge annehmen will, hat also vermutlich viel zu tun.

Rügemer sieht in den betreffenden Kommunen keine Opfer der Finanzkrise, im Gegenteil. Er bezeichnet sie eindeutig als Akteure der Krise: »Sie haben solche Finanzprodukte mit ermöglicht, die, genau wie die faulen amerikanischen Hypothekenkredite, zur Finanzkrise geführt haben«. Schlimmer aber mag sein, dass Kommunalpolitiker damit das Recht gebrochen haben. Über Verträge abzustimmen, die nicht auf Deutsch vorliegen, ist ein Verstoß gegen die Gemeindeordnung. Sie haben kreditähnliche Rechtsgeschäfte abgeschlossen, was ihnen verboten ist, und den Gerichtsstandort in den USA akzeptiert, nicht die Heimatkommune dafür vorgesehen. So war denn auch diesen Akteuren das schnelle Geld wichtiger als das langfristige Wohl der Bürgerinnen und Bürger. Kämmerer und Bürgermeister in Hunderten von Städten haben sich wie Spieler im Casinosaal verhalten und wissen im Nachhinein nicht recht, wie sie das erklären sollen.

Es ist aber nicht das erste Mal, dass die Erfahrungen mit politischen Kamikazeflügen neben allen Schrecknissen auch neue Erkenntnisse erbringen. Viele der Kommunen, die sich von Teilen ihres Besitzes trennten, die Versorgungs- und Entsorgungsbetriebe ausländischen privaten Fonds überließen, stehen jetzt als »Rathauszocker« da. Die Bittsteller von gestern, die ihre vermeintliche Last loswerden wollten, barmen heute um die Rückgabe, weil sie – zu spät – erkannt haben, dass eine kommunale Grundversorgung nicht nur aus sozialen und ökologischen Gründen anderen Formen vorzuziehen ist, sondern auch aus ökonomischen und politischen. Kommunale Betriebe ermöglichen eine eigenständige Kommunalpolitik und bieten so lokale Gestaltungsmöglichkeiten, vom Einfluss auf den Arbeitsmarkt bis zu einer aktiven Klimapolitik. Immer mehr kommunale Vertreter vollziehen nun die Wende und finden wieder als interessant und befriedigend, was längere Zeit als klein-klein oder *pepita* verpönt war. Nicht zuletzt wohl auch deswegen, weil auf diese Art und Weise auch Bürgerinnen und Bürger angesprochen werden können, die der Kommunalpolitik den Rücken zugewandt haben.

In den nächsten Jahren werden in Deutschland auch viele andere Konzessionsverträge mit privaten Anbietern auslaufen. Das Recht, so scheint es, steht auf Seiten der Kommunen. Jedenfalls hat der Bundesgerichtshof in einem Grundsatzurteil festgestellt, dass eine Kommune ihre alten Netze zurückkaufen kann, wenn der Vertrag ausläuft. »Re-Kommunalisierung« ist so zu einem bedeutenden politischen Thema geworden.

»Wer zählt die Opfer, kennt die Namen«

»Gott sei Dank, wir leben noch!«. So und ähnlich lautet der Stoßseufzer, der nach der angeblich heil überstandenen Krise dem einen oder anderen über die Lippen kommt. Italiener kaufen Rosenthal auf und retten das Unternehmen. Das Versandhaus OTTO übernimmt Teile der pleitegegangenen QUELLE. Die Statistik über die Zahl der Arbeitslosen geht zwar weiter nach oben, was aber niemanden aufzuregen scheint. Im Gegenteil: die Veränderungen am Arbeitsmarkt seien »angesichts des massiven Einbruchs der Produktion vergleichsweise moderat« – so schreibt die Bundesagentur für Arbeit in ihrem Bericht vom Juli 2009.

Womit dieser lockere Hinweis gerechtfertigt sein könnte, bleibt das Geheimnis der Bundesagentur, die Fakten geben das jedenfalls nicht her. Die Zahl der Arbeitslosen ist von Juni auf Juli um 52.000 auf 3,46 Millionen gestiegen. Das ist fast die gleiche Zahl wie im Vorjahr, wobei damals aber fast eine Viertelmillion weniger Erwerbslose als heute gezählt wurden. Das statistische Problem mit den Sommerloch-Arbeitslosen (die Unternehmen stellen nach dem Betriebsurlaub ein und entlassen vor dem Urlaub) wird durch ein so genanntes Saisonbereinigungsverfahren der Agentur geglättet. Diese Zahlen können daher nicht als Trendumkehr gewertet werden. »Die Datenkosmetik verdeckt die konjunkturellen Risse auf dem Arbeitsmarkt«, kommentiert entsprechend die Deka-Bank. Deutlich wird aus den Statistiken, dass die Unterbeschäftigung auf dem deutschen Arbeitsmarkt viel höher ist als meist angenommen. Nach Angaben der Bundesagentur sind es 370.600 Frauen und Männer, die in neuen Maßnahmen aufgefangen wurden. Die Zahl der Arbeitslosen müsste also wegen der vielen Unterbeschäftigten eigentlich deutlich erhöht werden.

Inzwischen sagen einzelne Forschungsinstitute das Ende der Krise voraus. Katar rettet Porsche und der Ifo-Geschäftsklimaindex zeigt wieder nach oben. Alles rosa oder was? Hier und da bricht Jubel aus ob der Leistung der Beteiligten. Die Banken zocken wieder – die Krise ist vorbei? Die Bonuszahlungen amerikanischer Großbanken sind höher als die Netto-Gewinne – die Krise ist vorbei? Die Zahl der in prekären Situationen lebenden

Mitbürger steigt – die Krise ist vorbei? Die deutsche Wirtschaft hat den Rand einer Deflation unter den Füßen – die Krise ist vorbei? Fachleute befürchten den Rückgang der Autoproduktion als Folge der Abwrackprämie – die Krise ist vorbei? Nur wenige mahnen zur Vorsicht. Nur wenige gießen Wasser in den Wein. Aber einige tun es halt – dann mischen sich positive mit negativen Zeichen – und die Frage bleibt offen, ob der Prozess der wirtschaftlichen Erholung durch negative Ereignisse auf dem Arbeitsmarkt beeinträchtigt wird. Während die einen es ablehnen, sich mit den Folgen und Nebenwirkungen eines Strukturwandels der Wirtschaft auseinanderzusetzen, finden andere zahlreiche Hinweise dafür, dass vermehrte staatliche Eingriffe und gesetzliche Änderungen notwendig sind.

Die Statistik verzeichnet den größten Rückgang der Einfuhrpreise seit 1987. Die Erzeugerpreise sinken um 7,6 % gegenüber Juli des Vorjahres, so stark wie nie seit 1949. Die Verbraucherpreise gehen um 22 % zurück. Die Stimmung in den Chefetagen scheint vielfach wieder bestens zu sein. Der Geschäftsklima-Index steigt und erstmals kommen Experten zu der Aussage: »Der konjunkturelle Tiefpunkt liegt hinter uns«.

Gräbt man etwas tiefer, fallen weiterhin die mahnenden Hinweise derer auf, die mit Vorsicht in die Zukunft schauen. Der Arbeitsmarkt bereitet die größte Sorge. Eine kräftige Erholung scheint da weniger sicher als verkündet. Und gerade für diese Probleme hat die Bundesregierung nur dünne Antworten parat. Zwar ist die Zahl der Erwerbstätigen in den vergangenen Jahren angestiegen, dafür verantwortlich war aber weniger eine kluge Arbeitsmarktpolitik als vielmehr die Zunahme vieler atypischer Beschäftigungsformen wie Leiharbeit, befristete Beschäftigung, Minijobs und Arbeitplätze mit kleiner Teilzeitarbeit. Die Zahl der Arbeitsplätze mit Normalarbeitszeit ist dagegen gesunken.

Atypische Beschäftigungsformen sind tendenziell unsicher, führen nur zu minimalen Rentenansprüchen und reichen oft nicht zum Notwendigsten. Während ein regulär Beschäftigter durchschnittlich 18 Euro pro Stunde verdient, kommt der Zeitarbeiter nur auf 9,70 Euro. Bezogen auf alle Berufstätigen sind etwa 20 % Geringverdiener. Im Jahr 2008 galten 3,2 % der Normalverdiener als armutsgefährdet, bei den atypisch Beschäftigten waren es dagegen mehr als 14 %. Während Vollzeitbeschäftigte heute in etwa das gleiche Armutsrisiko tragen wie vor zehn Jahren, stieg der Anteil bei den prekär Beschäftigten um 46 %. Als armutsgefährdet gilt, wer mit weniger als 60 % des mittleren Haushaltseinkommens auskommen muss.

HRE und kein Ende – bei den Boni kein echter Neuanfang

Die HRE-Bank sieht sich mit Schadenersatzforderungen konfrontiert und muss befürchten, von institutionellen Anlegern in einem Prozess auf Zahlung von 200 Millionen Euro verklagt zu werden. Binnen weniger Tage steigt diese Summe gar auf eine Milliarde. War da was? Ein Untersuchungsausschuss soll nun klären, wie das Drama um die HRE begann und wo das viele Geld geblieben ist, das die Rettung verschlungen hat. Was als Erkenntnis jetzt schon bekannt wird, schreit förmlich nach einem Regelwerk zur Begrenzung ähnlicher Katastrophen. Und zwar auch für Zeiten, in denen alles gut zu laufen scheint.

Als die HRE noch als solides Unternehmen eingeschätzt wurde, kannte außerhalb der Finanzwelt kaum jemand diese Bank. Sie machte Gewinne und keine Skandale, sie war kreuzbrav. Heute ist sie allseits bekannt, aber auch Sinnbild der Krise, mit nahezu ungebremstem Hunger nach »frischem Geld«. Sie betätigte sich in einem wenig transparenten Markt, hatte keine Kundeneinlagen, finanzierte keine privaten Hauskäufe. Ihr Geschäftsfeld war die gewerbliche Immobilienfinanzierung, und sie war zweitgrößter Emittent deutscher Pfandbriefe. Mit einer Bilanzsumme von fast 400 Milliarden Euro gehörte sie zu den führenden deutschen Finanzkonzernen. Sie hatte gut bis sehr gut am globalen Immobilienboom verdient und kaufte so nebenbei die Deutsche Pfandbriefanstalt (DEPFA) zu einem Preis von 5,2 Milliarden Euro. Es war die Geschichte einer etwas langweiligen, aber als seriös eingestuften Bank, die 1922 als Preußische Landespfandbriefanstalt gegründet worden war, 1991 privatisiert wurde und diese neue Freiheit fröhlich genoss, bis der Kladderadatsch da war.

Zunächst einmal stand eine Geschäftsverlagerung an, nach Irland. Dort lockten geringere Steuern und eine noch laxere Bankaufsicht. Die DEPFA lebte nicht nur über ihre Verhältnisse, sie agierte auch hochriskant, indem sie auf dem Markt kurzfristige Papiere erwarb und sie für langfristige Geschäfte einsetzte. So etwas geht gut, solange die Leitzinsen niedrig sind; es geht schief, wenn die Leitzinsen plötzlich heraufgesetzt werden. Und es ging schief. Die HRE übernahm die DEPFA, anstatt langsam auf die Bremse zu treten. Durch den Konkurs von Lehman Brothers waren die Risiken wie ein Meteoritenschwarm über der DEPFA niedergegangen, alle Sündenfälle der Vergangenheit realisierten sich. Die Bank war zu einer tickenden Zeitbombe mutiert, was die Gefahr des größten Bankendesasters in sich barg. Der Staat musste einspringen und pumpt seither viel Geld in dieses Unternehmen – Geld, das letztlich der Steuerzahler aufbringen muss.

Wer so etwas noch vor kurzer Zeit zu fordern gewagt hätte, wäre an den Pranger gestellt worden. Der Staat hat sich zurückzuhalten, der Markt wird es richten, wenn nur die Steuern entsprechend niedrig sind und die Menschen lernen, sich bei ihren Anforderungen an den Staat in Bescheidenheit zu üben. Dabei wird schnell vergessen, dass die finanzwirtschaftliche Stabilisierung nur durch milliardenschwere Konjunkturprogramme gelingen konnte. »Der weltwirtschaftliche Frühling ist in hohem Maße den Konjunkturpaketen zu verdanken«, lobt entsprechend ein Dekabank-Volkswirt und wird sekundiert von Dirk Schumacher von Goldman Sachs: »Es ist schon gut, dass die Ökonomen in der Krise auf das Werk von John Maynard Keynes zurückgreifen konnten.«

Wie das? Keynesianer, in den Augen lupenreiner Marktwirtschaftler Abtrünnige, nun die Retter der Weltwirtschaft? Man sollte es genießen, ein solcher Moment kommt so schnell nicht wieder. Über all dem dann noch die segnenden Hände des französischen Staatspräsidenten, der in Windeseile in Frankreich die strengsten Bonusregeln der Welt einführt, um damit beim nächsten Gipfeltreffen Druck auf andere Regierungen ausüben zu können, auch auf die deutsche Regierung.

Die hatte ihrerseits, wie manche sich erinnern mögen, früh verkündet, sich der überkandidelten Bonuszahlungen annehmen zu wollen. Was wollte man nicht alles tun: Gesetze zur Stärkung der Kontrollen im Bankenwesen und der Wirtschaft, Begrenzung der Managergehälter, Begrenzung der Boni und so weiter und so fort. Doch was ist davon geblieben?

In Amerika sind die Boni wieder höher als die Nettogewinne und werden locker aus den Stützungshilfen der amerikanischen Steuerzahler berappt. Und in Deutschland gibt es Ansprüche, die einen Hang zum Absurden aufweisen: Wer bleibt, soll einen Bonus erhalten. Wer gehen will natürlich auch. Wer Sorgen um seine Zukunft hat auch. Selbst der, der keine Sorgen hat. Alle, so scheint es, dürfen sich Hoffnungen auf Extrazahlungen machen.

Eigentlich erwartete man valide Konzepte, nachhaltige Ideen, um besser für die Zukunft gerüstet zu sein. Geld ist ganz offensichtlich da, jetzt kommt es aber darauf an, es zukunftsgerecht einzusetzen. Doch wozu die Gehirnwindungen bemühen, wenn das Geld auch für Dinge zur Verfügung gestellt wird, die nur wenig Gehirnschmalz erfordern? Muss man befürchten, dass Ähnliches sich noch mal ereignet? Ja, man muss. Muss man daraus Konsequenzen ziehen? Um Gottes willen, wozu soll das denn gut sein?

So erhält der noch mühsam in seinem Stuhl sitzende Chefmanager von Karstadt in Anerkennung seines segensreichen Tuns für Firma und Land eine Abfindung, die ihm 80.000 Euro für jeden Tag des halben Jahres einbringt, das er bei Karstadt verbracht hat. Karstadt ist zwar nicht mausetot, aber auch nicht springlebendig. Man muss halt nur die Nerven behalten, um völlig unverdiente Bonuszahlungen einstreichen zu können.

Dabei pfeifen es die Spatzen von den Dächern, was Bundesbank-Chef Axel Weber immerhin laut zu artikulieren wagt: Die wirtschaftliche Lage ist noch nicht wieder robust, und es darf bezweifelt werden, ob die konjunkturelle Verbesserung auch eine strukturelle Verbesserung bewirken wird. Weber weist auch darauf hin, dass der Teil der wirtschaftlichen Erholung, der öffentlich wahrgenommen wird, Ergebnis staatlicher Stützungsmaßnahmen ist. Die lockere Geldpolitik, die staatlichen Garantien, die Hilfen zur wirtschaftlichen Wiederbelebung, all das hat geholfen. Aber für wie lange, und wie nachhaltig?

Konjunkturprogramme lassen sich nicht unendlich fortsetzen. Es ist nicht die Aufgabe des Staates, Aufgaben der Privaten auf Dauer zu übernehmen. Auch der Arbeitsmarkt kann nicht allein und auf längere Zeit vom Staat subventioniert werden. Es ist zuvörderst Aufgabe der Wirtschaft, der Versuchung zu widerstehen, in scheinbar günstigen Momenten sich der Mitarbeiter zu entledigen.

Deutschlands Wirtschaftsstärke lag bisher zu einem großen Teil in der Fähigkeit, ausländische Märkte zu bedienen. Wir hegen und pflegen den Ruf als »Exportweltmeister«, vergessen darüber aber, uns hinreichend Gedanken über die Abhängigkeit zu machen, die damit verbunden ist. Es sollte allen eine Lehre sein, dass ausgerechnet die leistungsstarke und so erfolgreiche Exportwirtschaft einknickte, als die See rauer wurde. Insbesondere ist nicht auf Dauer damit zu rechnen, dass die USA ihren Konsumrausch auch in Zukunft so aufrecht halten werden und können, wie in der Vergangenheit, um uns (und anderen) weitere Exportchancen zu ermöglichen.

Die vereinigten Forschungsinstitute nehmen sich angesichts der labilen wirtschaftlichen Lage noch einmal der Rolle der Banken an. Hierzu liest und hört man Erstaunliches: Um den Herausforderungen besser begegnen zu können, müssten die Banken notfalls gezwungen werden, staatliche Hilfen anzunehmen.

Den Forschern, die an diesem Gutachten mitgewirkt haben, zitterten offenbar nicht die Griffel in der Hand, mit der sie diese Forderung niederschrieben. Vor nicht allzu langer Zeit wäre man bei solchen Forderungen aus dem Dienst entlassen worden. Jetzt aber scheuen selbst stark neoliberal ausgerichtete Institute nicht davor zurück, der Regierung genau diesen Rat zu geben. Die Begründung dafür gibt das Japan der 1990er Jahre, als sich dort Krise an Krise reihte und kein Ende abzusehen war.

Als Dessert zu der ungewohnten Kost gibt es dann noch eine Mahnung an die Europäische Zentralbank, sich von ihrer »konventionellen Politik« zu lösen. Man spürt sie förmlich, die Angst vor einer Entwicklung wie 1929, vor der Großen Depression, die mit einer Deflation begann und in einer Katastrophe endete.

Wirtschaftsgenesung angekündigt – dann aber Loch an Loch

Insgesamt machen die Mahner wenig Hoffnung auf eine schnelle Genesung der deutschen Wirtschaft. Erst 2013, sagen einige, werde die Wirtschaftsleistung (das BIP) wieder das Niveau von 2008 erreichen. Da gleichzeitig damit gerechnet wird, dass der technische Fortschritt weiter fortschreitet und die Arbeitsproduktivität weiter steigt, müsse dem Arbeitsmarkt besondere Aufmerksamkeit gewidmet werden. Die Zahl der Arbeitsplätze werde weiter abnehmen, von jetzt mehr als 40 Millionen auf nur noch 38,9 Millionen. Kurzfristig werde sich der Abbau an Beschäftigung gar beschleunigen, die Arbeitslosenzahl auf mehr als vier Millionen steigen. Die Krise am Arbeitsmarkt folge der allgemeinen Krise mit zeitlicher Verzögerung.

Auch die weiteren Prognosen sehen nicht so aus, dass man Freude daran haben könnte. Das Bruttoinlandsprodukt werde 2009 um 6,0 % und könne 2010 noch einmal um 0,5 % sinken. Die direkte konjunkturelle Talfahrt komme zwar langsam zum Stillstand, doch was danach passiere, sei kein Aufschwung sondern eine Stagnation auf niedrigem Niveau.

Was tun? Den ausposaunten Optimismus als das kennzeichnen, was es ist, nämlich Hoffnung ohne festes Fundament *oder* das fröhliche Lied mitsingen, damit sich die Stimmung erholt? Die meisten haben sich für das Mitsingen entschieden, weil sie nicht wollen, dass man sie Störenfried nennt. Aber getrunken ist die Tasse Tee noch nicht.

Der Blick aus rosaroter Brille auf die weitere Entwicklung der Wirtschaft, den sich die meisten freiwillig verordnet haben, kann durchaus hilfreich sein, um Zögernde und Ängstliche zu überreden. Aber dieser zur Schau gestellte Optimismus kann nicht an jeder Ecke überzeugen. Zum ersten Mal seit 2005 schrumpft die Zahl der Beschäftigten, zwar nur um einen kleinen Prozentsatz, aber zusammen mit dem Rückgang der geleisteten Arbeitsstunden und der Zunahme der Teilzeitarbeit ergibt sich am Arbeitsmarkt ein höchst bedrohliches Bild, das alle – nicht nur die Gewerkschaften – beunruhigen müsste. Hier liegt auch der Grund dafür, dass die Lohnzuwächse in den kommenden Jahren wohl nur niedrig ausfallen werden – und damit auch die Renten. Ob die derzeit noch moderate Stimmung bei den Rentnern dann umkippt, wird sich noch erweisen.

Insgeheim ist Deutschland in die schwerste Haushaltskrise seit 60 Jahren geschliddert. Nun müssen Lösungsvorschläge erarbeitet werden, was schon bei geringeren Etatdefiziten als schwierig gilt. Der Bundeshaushalt in Höhe von 328 Milliarden Euro soll zu 86 Milliarden über neue Kredite finanziert werden. Das ist die mit Abstand höchste Neuverschuldung aller Zeiten. Rechnet man das zweite Konjunkturprogramm in seiner Ausgabenwirkung sowie fällig werdende Anteile des Banken-Rettungsschirms hinzu, dann könnte der Bund gar mehr als 100 Milliarden Euro an neuen Schulden aufnehmen müssen.

Dennoch, der Weltuntergang und die ihn begleitenden düsteren Trommeln sind zunächst abgesagt. Der schlimmste Konjunktureinbruch der deutschen Wirtschaft scheint gezähmt. Das sollte Mut machen, die anstehenden Probleme anzupacken, um für die nächste Krise gerüstet zu sein, denn ein nächstes Mal – so sah es schon Karl Marx – ist sicher. Doch beim nächsten Mal wird der Staat, dessen Haushalt einem löchrigen Käse ähnelt, nicht wieder mit so gigantischen Summen einspringen können, wie dieses Mal. Und bei einem möglichen nächsten Mal wird selbst eine Abwrackprämie nicht wieder die gleiche Wirkung entfalten können wie dieses Mal, weil die Menschen sich auch durch Konjunkturprogramme nicht dazu verleiten lassen, alle Jahre ein neues Auto zu kaufen.

Viele haben darauf verwiesen, dass diese Krise Ähnlichkeit mit der von 1929 habe, doch so richtig damit auseinandersetzen wollte sich keiner. Dann könnte sich nämlich ein dunkler Streifen am sich allmählich aufhellenden Konjunkturhimmel zeigen. Niemand ahnte schon am Schwarzen Dienstag 1929, dass ein knappes Jahr später die Große Depression beginnen würde. Natürlich wiederholt sich Geschichte nie punktgenau, aber Vorsicht ist dennoch geboten.

Suche nach Schuldigen

»Das ist nun alles futsch«, so der Stoßseufzer des schwedischen Erfolgsautors Henning Mankell angesichts der Folgen der Finanzkrise in Afrika. Auf dem G8-Gipfeltreffen in Heiligendamm hatten die Industrieländer den Afrikanern Hilfe bei der Bekämpfung des Hungers, für Bildung und Gesundheit versprochen. Bisher ist dort aber nicht einmal die Hälfte des versprochenen Geldes angekommen. Mankell bringt die Betrachtung der Fehllenkung der knappen Mittel in Afrika dazu, mit Freunden die Struktur der Hilfen kritisch zu durchleuchten und sie ganz abzulehnen. Abkopplung vom Weltmarkt wird wieder einmal zum Thema. Die Hilfen würden die Abhängigkeit der Afrikaner vom reichen Norden zementieren, wie insbesondere an den Agrarhilfen der EU gezeigt werden könne. Während die EU in die europäische Landwirtschaft täglich eine Milliarde stecke, seien es für ganz Afrika pro Jahr nur eine Milliarde. Vor der Krise gab es in nicht wenigen afrikanischen Ländern eine Verbesserung der wirtschaftlichen Lage, doch davon sei jetzt nichts mehr zu sehen.

Zu sehen und zu spüren ist allerdings viel von der globalen Finanzkrise. Afrika wird heimgesucht, diesmal nicht von Heuschrecken sondern von der Krise des Nordens. Wirtschaften, die bisher ganz gut dastanden, schrumpfen, so die Südafrikanische Union um 6,4%, Botswana um fast 20%. Statt endlich einen Pfad nach oben zu finden, rollt nach Ansicht der Afrikanischen Entwicklungsbank eine neue Schuldenwelle auf Afrika zu. Fast 30 Millionen Menschen werden zusätzlich in tiefe Armut stürzen. Dann muss wieder getrommelt werden, um das Schlimmste abzuwenden. Dann wird es aber auch wieder heißen können, die Afrikaner seien nicht willens und fähig, sich in den komplexen Gängen des modernen Lebens zurechtzufinden. Wenn wir sie nur machen ließen. Sie würden ihren Weg schon finden – auch ohne die Wahnsinnsrenditen wie im Norden.

Am stärksten werden wohl die Staaten betroffen sein, die sich an das Mantra von Liberalisierung und Deregulierung gehalten haben, das vom Internationalen Währungsfonds propagiert wurde. Wer die Wirtschaft liberalisierte, wer Handelsbeschränkungen verbannte, wer das Kapital frei fließen ließ, muss jetzt die Suppe auslöffeln. Geschätzte 50 Milliarden Dollar stehen auf der Sollseite der jüngsten Entwicklungsbilanzen. Der Schuld bewusst, will der IWF 17 Milliarden lockermachen. Bleiben noch 33 Milliarden, für die sich bisher niemand verantwortlich fühlt und die die Schuldenfalle wieder zuschnappen lassen.

In dieser Situation verkünden die Reichen der Welt, dass leider, leider die Entwicklungshilfe drastisch gekürzt werden müsse, weil die Hilfen zur Bewältigung der Krise so teuer waren. Außerdem müssten die Afrikaner erst einmal lernen, die Korruption in ihren Ländern einzudämmen.

Zwei Länder waren traditionsgemäß das Ideal neoliberaler Politiker: Japan und die USA. Beide haben es ihren Bewunderern nicht leicht gemacht, im Gegenteil: Je mehr die Bewunderer die Flexibilität der US-Amerikaner kopierten und die Lebensweise der fleißigen Japaner bei uns einführen wollten, umso größer wurde das Potenzial, das zum Knall führt. Die kaum vorstellbare Anzahl von Überstunden japanischer Arbeitnehmer und die drei Tage im Jahr, die sie sich an Urlaub gönnen, haben die Wirtschaft nicht stärker, sondern die Akteure müder werden lassen. Der Druck schon auf Kinder, mehr zu leisten, als der kleine Körper hergibt, betäubt die Kreativität und führt schnurstracks zum angepassten, überarbeiteten und ängstlichen Erwachsenen, der Auseinandersetzungen scheut wie der Fisch die heiße Pfanne.

Und die USA? Das viel bewunderte Land der individuellen Freiheit ist weiterhin ohne umfassende Gesundheitsversorgung, ohne Arbeitslosenversicherung, aber mit Suppenküchen gut versorgt – und mit frei gewählten Präsidenten, die fotogen die Kelle in die Töpfe der Suppenküchen tauchen. Das Land war einmal das Ideal eines freien Marktes, des unkontrollierten Konsums, der unbegrenzten Kredite. Es ist es nicht mehr.

Ronald Reagan, der konservative amerikanische Präsident der achtziger Jahre, scheute Kontrollen und Regulierungen der Wirtschaft wie der Teufel das Weihwasser und machte sich über die Europäer lustig, die so gar nicht diesem Hang nach freier Luft und freiem Untergang frönen wollten. Heute können die Europäer zwar behaupten, das finanzielle und wirtschaftliche Debakel nicht ins Rollen gebracht zu haben. Aber was nützt das, wenn die Weltwirtschaft wie einst die Titanic unterzugehen droht. Zu verdanken haben wir die Krise vor allem den Amerikanern (und auch den britischen Bankern); eine Bevölkerung, deren Schulden 150 % ihres Einkommens betragen, lebt nicht im Wohlstand sondern am Rande der kollektiven Verarmung. Wer in seiner weiteren Entwicklung als reiches Industrieland von der Hilfe eines Entwicklungslandes – von China – abhängt, der hat irgendwann irgendwo irgendwelche Fehler gemacht.

Drei Forderungen an die USA

Avi Primor, der ehemalige israelische Botschafter in Deutschland, hielt in einem Gastbeitrag der FRANKFURTER RUNDSCHAU mindestens drei Reformen für zentral wichtig, wollen die USA nicht in immer kürzeren Abständen in die nächste Krise schliddern:

Zuvörderst müsse das amerikanische Banken- und Kreditsystem ein starkes Regulierungskorsett erhalten. Der Widerstand dagegen dürfte zwar noch größer sein als der gegen die beabsichtigte Gesundheitsreform. Aber wenn es nicht gelinge, das Handeln Einzelner, die mit »Hütchenspielen« einen Schneeballeffekt an Verderbnis in Gang setzen konnten, zu kontrollieren, dann würden immer wieder Einzelne aufstehen und die Chuzpe mitbringen, derer es bedarf, andere zu betrügen.

Zweitens müssten die Energiepreise auch in Amerika dahin, wo sie im alten Europa schon stehen, nämlich nach oben. Sich über niedrige Benzinpreise zu freuen, sei eine Sache, das daraus resultierende umweltpolitische Fehlverhalten, die Abhängigkeit von den Öl produzierenden Ländern, eine ganz andere und eine nur halb so lustige Sache.

Last but not least bräuchten die USA ein funktionierendes egalitäres Gesundheitssystem. Die jetzigen Alters-, Gesundheits- und Arbeitslosenversicherungen zwingen die Amerikaner zu unsolidarischem Verhalten, weil sie an zu vielen Baustellen zugleich aufpassen müssen, nicht unter die Räder zu kommen. Das aber mache sie empfänglich für Versprechungen von Maklern und Bankern über die Zukunftssicherheit einer Anlage in ihren Fonds – mit allen Folgen, die es haben kann, wenn man dabei Gangstern in die Hände fällt. Die US-Amerikaner, die es für eine längere Periode verlernt hatten, intellektuell redlich auch schwierige Themen zu diskutieren, werden diese Medizin nicht gerne schlucken.

Aber Wandel tut not. Und diese Einsicht scheint sich langsam durchzusetzen. Der G20-Gipfel in Pittsburgh hat gezeigt, dass alle ihre Lektion lernen und zum Wohl und Schutz aller zu Zugeständnissen bereit sein müssen. Und immerhin: das Geschäftsverhalten von Banken, einheitliche Bilanzierungsregeln, Insolvenzregeln für systemrelevante Banken, Bonuszahlen für Manager, all dies wurde wenigstens auf den Tisch gelegt und in der einen oder anderen Form entschieden. Es geht also, wenn man nur will.

Aber viele Alternativen hatten die G20-Staaten auch nicht. Dem eigenen Anspruch entsprechend, ein Gremium zu sein, das sich mit den Ungleichgewichten in der Welt beschäftigt, muss es sich an diese Themen heranmachen, genauso wie an die Bekämpfung der Armut, an die Ressourcenschonung und den Klimaschutz.

Doch was ist mit Deutschland – und was mit Japan?

Was aber ist in Deutschland schief gegangen, was hat die Bankenkrise in so extremer Weise befördert? Es könnte das besondere Zusammenspiel von Verdrängen und Projektion sein.

Viele geben den Angelsachsen alle Schuld am Crash, während man selbst auf »nicht schuldig« plädiert. Nun wird zwar niemand die privaten amerikanischen und britischen Banken freisprechen wollen, doch wie passen unsere Landesbanken und die anderen öffentlich-rechtlichen Institutionen, die ebenfalls die schlimmsten Risiken eingegangen sind, in dieses Bild? Es mag bei manchem die Luft wegbleiben, wenn er hört, dass sich US-Banken im Schnitt 12 Dollar für jeden Dollar Eigenkapital geborgt haben, um Kreditgeschäfte gewinnbringend betreiben zu können. Doch es wird geschätzt, dass dieses Missverhältnis in Deutschland gar bei 40 Euro (umgerechnet 52 Dollar) lag. Öffentlich-rechtliche Banken in Deutschland haben durch ihr eigenes Verhalten so die Basis für ihre eigene Existenz gefährdet, denn mit den Prinzipien der Regionalität und der Fürsorge für die Eigentümer hat solches Geschäftsgebaren gewiss nichts mehr zu tun.

Und das ist nicht das Ende der Schrecknisse. Noch immer gibt es keine gemeinsame Linie, wie mit den toxischen Papieren umgegangen werden soll. Während früher Banken mit der Bonität ihrer Aktivitäten versuchten auf dem Markt zu punkten und Kunden anzulocken, ist es heute die »Bad Bank«, die von toxischen Papieren befreien soll. Befreien? Wie denn das, wo die betroffenen Banken sich doch weigern, die nötige Transparenz über ihre Lage zu schaffen. Bilanzen zeigen zwar nicht alles auf den ersten Blick, aber irgendwo muss der Schrott ja liegen.

Jürgen Michels von der Citigroup Deutschland (die dabei ist, sich in Targobank umzubenennen) meint, dass das Ausmisten des Bankensektors etwas länger dauern könne. Alles wird gut, so pflegen Pessimisten ihr Gemüt zu beruhigen. Wenn Unternehmer aber jetzt schon die rosarote Brille aufsetzen, dann ist Vorsicht geboten. Es mag ja alles wieder gut werden, aber unübersehbar steht noch einiges im Raum, das bereinigt werden muss, ehe alles wieder gut werden kann.

Wieso zum Beispiel musste die HRE-Bank mit derart viel staatlichem Geld gefüttert werden und wie kam sie überhaupt in diese Lage? Wenn man den Ausführungen des Chefs der BaFin, Jochen Sanio, folgt, dann hing die HRE am seidenen Faden. Vor dem Untersuchungsausschuss des Deutschen Bundestages sagte er, die Bank habe zeitweise nur noch Liquidität für zehn Tage gehabt. Dennoch habe man die Bank nicht schließen können, weil dies den Zusammenbruch des gesamten Finanzsystems zur Folge hätte haben können. Wieso aber war die deutsche Bankenaufsicht (und damit auch die BaFin) nicht in der Lage, diese Lage frühzeitig zu erkennen und zu beheben?

Es muss sich erst noch zeigen, ob die Krise so heilsam war, dass in Zukunft ähnliche Experimente unterbleiben. Und die Frage, ob Banken zur Verstaatlichung gezwungen werden müssen, um nicht die Klamotte vom Casino-Kapitalismus zu wiederholen, bleibt im Raum stehen und harrt der Antwort.

Eines der wichtigen Themen bei der Rettungsaktion war, ob Konjunkturprogramme helfen können, die Folgen einer Krise zu mildern. Ist Keynes eine »Wunderwaffe« oder nicht? In kaum einem anderen Land wurde so heiß wie bei uns diskutiert, ob derartige Programme hilfreich sind. In kaum einem anderen Land war die Diskussion über die Effektivität von Konjunkturprogrammen aber auch so von Erbitterung geprägt, wie bei uns. Mit Angstmacherei über Staatsschulden sind Konjunkturprogramme allerdings nicht mehr zu diskreditieren, höchstens mit der Frage: Sind die Bedingungen so gestrickt, dass Sinn und Nachhaltigkeit aller Maßnahmen garantiert werden können? Werden Besserungen auf dem Arbeitsmarkt eintreten, wird der ökologische Strukturwandel der Wirtschaft befördert, können die Sozialversicherungssysteme auch in Zukunft ihre Aufgaben erfüllen? Und nicht zuletzt: Kann das gewählte Programm auch dazu beitragen, die Armut zuhause und in der Welt zu bekämpfen und zum Klimaschutz beitragen.

Das Beispiel Japan hat gezeigt, dass Konjunkturprogramme außer neuen Schuldenbergen wenig bis gar nichts bringen, wenn sie wie ein Schleier über alte Strukturen gelegt werden. Zwischen 1992 und 2002 bastelte die japanische Regierung 18 solcher Programme, die den Schuldenberg auf umgerechnet 5,6 Billionen Euro hochjagten. Versuche, mehr Flexibilität und Innovation in das verkrustete wirtschaftliche und gesellschaftliche System Japans zu bringen, um die nötige Bewegung zu ermöglichen, schlugen dagegen weitgehend fehl. Die Bürokratie war resistent gegen Neuerungen und wusste sich zu wehren. Als Ergebnis dieses Mangels an Mut zum Wandel wurde Japan von der aktuellen Krise schlimmer getroffen als die meisten anderen Industrieländer. Hier also liegt ein Schlüssel für die Vermeidung zukünftiger Finanz- und Wirtschaftskrisen: mehr Transparenz, größere Flexibilität, bessere parlamentarische Kontrolle, ein Green New Deal. All dies sind relevante Stichworte für den aktuellen Krisendiskurs.

Das Beispiel Japan lehrt auch und in besonderer Weise, was es braucht, um Krisen erfolgreich bestehen und beenden zu können: Nachwuchs in Schlüsselpositionen, Abriss des pseudodemokratischen Regierungsstils, Schluss mit Korruption, Ende der Vetternwirtschaft. Diese neue Politik hat der ehemalige Premier Junichiro Koizumi mit dem Slogan »Kein Wachstum ohne Strukturwandel« umrissen, sich selbst und mit seiner Partei LDP aber nicht hinreichend daran gehalten. Das ist sicherlich einer der Gründe für die erdrutschartigen Wahlergebnisse im August 2009. Diese klaren Forderungen gelten natürlich nicht nur für Japan. Aber wenn dieses Land unter der Führung von Premier Yukio Hatayama eine aktivere Rolle in der Umgestaltung der Weltwirtschaft einnehmen will, dann sind es Mindestanforderungen – auch im Sinne eines Beitrages zu dem von UN-Generalsekretär Ban Ki-moon eingeforderten »Global Green New Deal«.

Re-Regulierung der Wirtschaft – aber wie?

»Die Pleite der Politik« – so die Titelseite des FREITAG im September 2009, am ersten Jahrestag nach dem Aus von Lehman Brothers. Die notwendige Re-Regulierung des Weltfinanzsystems werde durch die reale Wirtschaftslage und deren notwendige Stabilisierung regelrecht blockiert. Die Regierungen ständen vor einer paradoxen Situation: Einerseits können sie die großen Banken nicht pleitegehen lassen (*too big to fail*), andererseits werden sie von den enormen Summen für die Bankenrettung überfordert. Folglich gäbe es bisher nur halbherzige Absichtserklärungen aber keine durchgreifenden Reformen. Wenn die Regierungen aber weniger tun als notwendig, säen sie die Saat der nächsten Krise.

Dieser grundlegende Widerspruch macht sich in der Tat bei fast allen zentralen Fragen der Re-Regulierung bemerkbar: Höhere Eigenkapitalquoten reduzieren die Renditeerwartungen der Banken; die Zentralbanken behalten die Politik des billigen Geldes aus Konjunkturgründen bei; die großen Finanzplätze der Welt, die Wall Street, die City of London, Frankfurt und Tokio widersetzen sich vehement jeder strengen Regulierung; eine globale Transaktionssteuer ist kaum durchsetzbar; eine nationale Börsenumsatzsteuer spart den Interbanken-Handel aus, der die toxischen Papiere erst unters Volks gebracht hat. Die Paralyse der Politik also perfekt?

Nun, ganz allmählich haben sich die Regulierer doch in Bewegung gesetzt, die bessere Regulierung des Finanzwesens und der Wirtschaft wird zum Thema. Dabei gibt es einerseits eher brave und andererseits höchst radikale Reformvorschläge. Die einen pirschen sich langsam an die Frage der Neuordnung der Finanzmärkte heran, verbrämt mit dem schönen Wort von der »Einhegung des Finanzkapitalismus«. In Vorbereitung des G20-Treffens in Pittsburgh standen die exzessiven Bonuszahlungen an Investmentbanker im Blickpunkt, wobei Präsident Nicholas Sarkozy seine für Frankreich ergriffenen Begrenzungsmaßnahmen weltweit mehrheitsfähig machen möchte. Daneben gibt es einen durchaus markanten und allseits gehörten Aufschlag des Chefs der britischen Finanzaufsicht, Adair Turner, mit der Forderung, der gesamte Bankensektor und seine Profitmöglichkeiten müssten quantitativ schrumpfen, wozu die Einführung einer globalen Steuer auf sämtliche Finanztransaktionen dienen könne. Dies ist zwar in Form der Tobin-Steuer eine schon recht alte Forderung kritischer Ökonomen, doch wurde dieses Instrument erst in jüngster Zeit energisch und mit einiger Außenwirkung durch ATTAC INTERNATIONAL reaktiviert und allgemein bekannt gemacht.

Im weiteren Krisenverlauf kann es aber auch noch um mehr gehen, angesichts der sich weiter verbreitenden Vermutung, die Banken könnten erneut dem Casino-Kapitalismus verfallen und ihre Rolle als Diener der Realwirtschaft wieder vernachlässigen, wie auch der wachsenden Erkenntnis, dass die Ideologie effizienter Finanzmärkte nun doch endgültig gescheitert ist. So könnte es auch um die Einführung des Verbots des außerbörslichen Handels von Wertpapieren gehen, um eine strikte Zulassungskontrolle für alle Finanzprodukte, um ein neues Insolvenzrecht und um strengere Vorschriften für die Eigenkapitalausstattung der Banken.

Aber ist das schon alles, was da im Gepäck ist? Ist nicht auch Grundsätzlicheres und Radikaleres in der Diskussion? Doch – natürlich! Und dazu haben einige professorale Querdenker beigetragen. Im Folgenden dazu drei markante Beispiele mit drei zentralen Forderungen:

- Geldmaschine ab- und Aktienrecht umstellen;
- Geld soll dienen, nicht herrschen; und:
- eine neue Balance zwischen Staat und Markt muss her!

Geldmaschine abstellen,
Aktienrecht umstellen!

Der Wachstumstrend der modernen Wirtschaft, so schreibt Hans Christoph Binswanger, gründet auf der unbegrenzten Fähigkeit der Zentralbank zur Ausgabe von Banknoten, das heißt von Papiergeld, sowie der Möglichkeit der Banken zur Schaffung von Buchgeld, das heißt von Guthaben auf den Girokonten, welche die Nicht-Banken (Unternehmen, Staat und Haushalte) bei den Banken unterhalten. Das Buchgeld kann zwar in Papiergeld eingelöst werden, aber das Papiergeld nicht mehr in Gold oder Silber. Daraus ergibt sich das Potenzial zu einer im Prinzip »unendlichen« Kredit- und Geldschöpfung aus dem »Nichts«.

Die Erhöhung der Geldmenge und der Kredite ist attraktiv für die Banken, weil sie durch die Zinsen Gewinne erzielen, und zwar umso mehr, als sie die Möglichkeiten zur Erhöhung der Kredit- und Geldmenge voll ausschöpfen und je niedriger die Zinsen sind, welche die Zentralbank verlangt, wenn sie den Banken das von ihnen benötigte Papiergeld (nach-)liefert.

Für die Nicht-Banken ist die Erhöhung der Geldmenge durch Kredite ebenfalls attraktiv:

- für die Unternehmen, wenn sie mit dem zusätzlichen Geld investieren, um zusätzliche Gütermengen zu produzieren und diese mit Gewinn verkaufen können, die höher sind als die von ihnen zu bezahlenden Zinsen;

- für die Haushalte, wenn sie mit dem zusätzlichen Geld Vermögenswerte kaufen, von denen sie annehmen dürfen, dass deren Wertsteigerung in der Zukunft größer ist als der Zinssatz; und

- für den Staat, wenn er mit dem zusätzlichen Geld seine steigenden Ausgaben vorfinanzieren kann, und wenn die Zunahme der Steuereinnahmen größer ist als die Zinsen, die man den Banken schuldet.

Somit kommt alles auf dieses »wenn« an. Der Zaubertrick der modernen Wirtschaft besteht nach Binswanger darin, dass dessen Bedingung gerade durch die Nachfrage der Unternehmen nach zusätzlichem Geld selbst gewährleistet ist, denn dann können die höheren Produktionsmengen wegen der Zunahme der Geldmenge mit entsprechend höheren Gewinnen abgesetzt werden und in der Folge auch die Vermögenswerte und die Steuereinnahmen weiter steigen. Warum das so ist? Weil sich die mit Hilfe der Geldvermehrung finanzierten Investitionen dadurch realisieren, dass zusätzlich Arbeit, Energie und Rohstoffe in den Produktionsprozess einbezogen werden und damit auch die Haushalte zusätzliches Einkommen erhalten. Die Nachfrage der Haushalte steigt mit der Erhöhung der Einkommen, während die Unternehmen erst die Produkte der Vorperiode anbieten, die vor der neuen Investition produziert worden sind. Für deren Herstellung haben sie also im Betrag der neuen Investition weniger Geld ausgegeben. Da Gewinne die Differenz sind zwischen den Einnahmen und den Ausgaben für die Produkte, aus deren Verkauf die Einnahmen erzielt werden, entstehen auf diese Weise gesamtwirtschaftlich ständig Gewinne. Diese sind wiederum die Voraussetzung dafür, dass Investitionen getätigt werden und damit das weitere wirtschaftliche Wachstum attraktiv bleibt. So hält sich der Wachstumsprozess selbst im Gange.

Hierbei spielen die Aktiengesellschaften eine besondere Rolle. Sie sind der wichtigste Promotor eines »unendlichen« Wachstums, aber dadurch auch verantwortlich für dessen Überforcierung. Der Wachstumsdrang ergibt sich daraus, dass die Aktiengesellschaft beziehungsweise die Aktionäre, wenn sie schon das Risiko der Investition eingehen, nicht nur einen minimalen, sondern einen möglichst großen Gewinn erzielen wollen. Dieses Streben nach Gewinnmaximierung wird dadurch verstärkt, dass sich der Wert des Eigenkapitals beziehungsweise der Aktien orientiert am Gegenwartswert der Summe der mit dem Zinssatz abdiskontierten *erwarteten* künftigen Gewinne; und weil die Gewinnerwartung und damit auch die Dividendenerwartung umso höher ist, je größer das Wachstum der Produktion ist.

Der Wachstumsdrang macht aber nicht bei der Finanzierung des realen Wachstums halt. Vielmehr werden in der Dynamik der Geldvermehrung auch Bankkredite aufgenommen, die nicht der Finanzierung produktiver Investitionen dienen, sondern dazu, spekulative Vermögenswerte zu kaufen. Man kauft Aktien, weil man annehmen kann, dass sie im Preis steigen

werden, wenn sich die Nachfrage wegen der ständigen Geldvermehrung weiter erhöht. Es lohnt sich daher, sich zu verschulden, also Kredite aufzunehmen und dafür Zinsen zu zahlen,
wenn der Zins niedrig und die erwartete Preissteigerung der Aktien höher ist als der Zins.

Diese Erwartung ist eine Spekulation. Sie ist allerdings – wie
jede Spekulation – gefährdet und zwar insbesondere dadurch,
dass die Zinsen, die man für die spekulativen Kredite aufgenommen hat, steigen können. Sie steigen, wenn die Zentralbank
die Kredite für die Zurverfügungstellung von Zentralbankgeld
nur noch gegen höhere Zinsen gewährt. Die Zentralbank erhöht die Zinsen, wenn sie wegen der spekulativen Geldvermehrung, die nicht mehr zu einer realen Gütervermehrung führt,
eine inflationäre Entwicklung befürchten muss. Dann kommt
es, weil die Zinsen zu hoch werden, um die spekulativen Kredite zu rechtfertigen, zu einer Krise. Genau dies ist im Jahr 2008
geschehen.

Was ist aber, so fragt Binswanger, wenn es keine Finanzkrise geben würde? Wäre dann alles in Ordnung? Nein, weil sich
der Wachstumsdrang nur durchsetzen lässt, wenn genügend
natürliche Ressourcen – Rohstoffe und Energie – vorhanden
sind, welche die Basis der Produktion bilden. Die Rohstoffe und
Energieträger können der Natur entnommen werden, ohne dass
der Eigentümer etwas dafür bezahlen muss; der Verbrauch der
Natur ist für ihn gratis. Dies kommt einer Verschuldung gegenüber der Natur gleich, die man nicht begleichen muss. Das
macht es lukrativ, sich möglichst viele Ressourcen der Natur
anzueignen und diese zu verwerten.

Trotzdem wird das Wirtschaftswachstum mehr und mehr
mit der langfristigen Knappheit der Natur konfrontiert, weil die
Eigentümer der natürlichen Ressourcen in Voraussicht künfti-
ger Engpässe heute schon höhere Preise verlangen, die morgen
zur Verteuerung der Produktion führen. Daraus resultiert eine
Inflationstendenz nicht nur wegen Erhöhung der Geldmenge,
sondern auch wegen Verknappung der natürlichen Ressourcen.
Dies gilt insbesondere für Energie und Nahrungsmittel. Deren
Preise sind zwar infolge der Wirtschaftskrise kurzfristig gefallen, dürften aber schnell wieder steigen, wenn die Krise überwunden wird.

Die in unserem Bankensystem enthaltene Tendenz einer über-
bordenden Geld- und Kreditschöpfung und die Vorherrschaft
der auf ständige Erhöhung der Börsenwerte ausgerichteten Aktiengesellschaft sind somit strategische Ansatzpunkte, wo radikale
Reformen ansetzen müssten. Binswanger sieht deren zwei:

(1) Es müsste zum einem um eine Reform des Geldsystems gehen. Ausgangspunkt könnte hierbei die Idee des 100-%-
Geldes des amerikanischen Ökonomen Irving Fisher sein,
die er nach der Krise von 1929 entwickelt hatte und die
heute wieder hoch aktuell ist. Danach erhält die Zentralbank das ausschließliche Recht zur Geldschöpfung, indem
die Banken verpflichtet werden, die Sichtguthaben, also das
Buch- oder Bankgeld, zu 100 % durch Zentralbankguthaben
beziehungsweise Banknoten zu decken. Damit kann eine
Vermehrung des Geldes ins Uferlose, sei es in den Aufbau
spekulativer Blasen oder in eine inflationäre Preissteigerung,
verhindert und die Geldschöpfung im ökologisch verträg-
lichen Maß gehalten werden.

(2) Es müsste zum anderen um eine Reform des Aktienrechts
gehen. Aktiengesellschaften sind eine Schöpfung des Staates. Daher haben die Eigentumsrechte der Aktionäre nur
bedingten Charakter – bedingt durch die staatliche Gesetzgebung. Es besteht somit im Grundsatz die Möglichkeit,
durch Änderung der Gesetzgebung deren Inhalt zu ver-
ändern. Dazu könnte zum Beispiel eine Begrenzung der Geltungsdauer der börsennotierten Aktien gehören, mit Rückzahlung des ursprünglichen Kapitaleinsatzes nach Ablauf
der Geltungsdauer. Durch eine solche Begrenzung würde
die Steigerung der Aktienwerte automatisch verringert –
und damit auch der Wachstumsdrang, der sich aus der Aussicht auf eine weitere Steigerung des Aktienwerts ergibt.
Damit würde nicht nur das Risiko verringert, dass sich immer neue Finanzblasen bilden, die nach kurzer Zeit wieder
platzen; wegen der Minderung der Wachstumsrate würden
auch der Ressourcenverbrauch und die Umweltbelastung
verringert.

Für den Übergang zu einer langfristig nachhaltigen Wirtschaft
sollten daher, so schlägt Binswanger vor, neue Unternehmens-

formen geschaffen beziehungsweise alte wieder belebt werden, beispielsweise Stiftungen und Genossenschaften. Diese Unternehmensformen sind ihrem Zweck nach auf andere Ziele als auf Gewinnmaximierung ausgerichtet. Sie sind nicht an der Börse notiert und damit nicht spekulationsanfällig. Sie haben daher auch eher die Möglichkeit, das Leitbild der nachhaltigen Entwicklung (*sustainable development*) zu verinnerlichen, das heißt, sich auf ökonomische, soziale und ökologische Nachhaltigkeitsziele auszurichten.

Geld soll dienen, nicht herrschen!

»Seit der Liberalisierung des Kapitalverkehrs ist das Finanzkapital im Begriff, unsere Zukunft zu verspielen, denn es verhindert nachhaltige Entwicklung«. Mit diesem Satz begann Gerhard Scherhorn 2008 seine »Wiener Vorlesung«, in der er die unvollständige Sozialbindung des Eigentums, das unzeitgemäße Primat des Kapitals und die katastrophenträchtige Unverantwortlichkeit des Finanzkapitals beklagt und anhand vieler Belege aufzeigt, wie die Finanzmärkte missbraucht und nach 1980 durch Deregulierung weltweit entfesselt wurden. Diese Entwicklungen führten zu einer Auszehrung des Realkapitals, zur privaten Vereinnahmung der Erträge von Gemeingütern, zur weiteren Verschlechterung der Einkommensverteilung und damit zur Marginalisierung der Arbeitnehmer. Wenn aber der Kapitalismus die letzte Stufe der wirtschaftlichen Organisation ist, wo sollte dann die Suche nach einen ›Kapitalismus mit menschlichem Antlitz‹ beginnen – und wie könnte diese Transformation erfolgreich sein?

Der ehemalige US-amerikanische Arbeitsminister Robert Reich hatte die inneren Widersprüche des Kapitalismus auf eine eingängige Formel gebracht: Der ›Superkapitalismus‹ bereichert die Menschen als *Verbraucher* durch billige Konsumgüter und als *Geldanleger* durch höhere Renditen, schädigt sie aber als *Arbeitnehmer* durch Lohnminderung und Marginalisierung und als *Bürger* durch Umweltbelastung, soziale Desintegration und Unterwanderung der Demokratie. Die Möglichkeiten, diese Widersprüche aufzuheben oder zumindest zu entschärfen, fasst Scherhorn nun in vier grundlegende Regeln: Gleichordnung der Produktivkräfte; Wettbewerb um Nachhaltigkeit; Kontrolle der Finanzmärkte; Demokratisierung des Wohlstands. Was ist damit gemeint?

Den historischen Widerspruch zwischen Kapital und Arbeit zu überwinden, ist nicht gelungen und werde nicht gelingen. Größer sei die Chance, den Primat des Kapitals und die Privilegierung des Finanzkapitals abzulösen durch eine *Gleichordnung* des Kapitals mit der Arbeit, wenn Kapitaleigner und Arbeitnehmer zu gleichberechtigten Mitgliedern der Unternehmung werden, der Betriebsrat wichtige unternehmerische Entscheidungen mitbestimmt und mit der Unternehmensführung über das variable Einkommen und die Beteiligung am Unternehmenserfolg verhandelt. Das Verfassungsgebot der Sozialpflichtigkeit des Eigentums müsse gestärkt und durch die *Pflicht zur Nachhaltigkeit* ergänzt werden, in dem Sinne, dass Kosten nicht externalisiert, sondern wirklich getragen und Gemeingüterträge nicht monopolisiert, sondern fair geteilt werden.

All das aber stehe erst auf festem Grund, wenn die zentralen *Mängel des Finanzsystems* behoben seien, wozu eine Reihe von Maßnahmen erforderlich ist, von denen Scherhorn einige im Detail betrachtet: Transparenz über alle eingegangenen Risiken; nationale und internationale Banken- und Börsenaufsicht; globale Transaktionssteuer; umfassende Fehlerhaftung.

Wie aber den Übergang vom oligarchischen zum demokratischen Wohlstand bewerkstelligen – die vierte Grundregel? *Demokratischer Wohlstand* werde am ehesten dadurch gefördert, dass das Einkommen gerechter verteilt wird, so dass die Erwerbsarbeit verkürzt und durch selbstbestimmte, kultivierende Nichterwerbstätigkeiten ergänzt werden kann, die aus dem Zusammenhang von mehr erwerbsfreier Zeit und mehr Bildung erwachsen.

Was ist der gemeinsame Nenner all dieser Fehlentwicklungen, des Ausuferns des Geldschöpfungspotenzials, das zur globalen Finanzkrise geführt hat, der exorbitanten Renditeforderungen des Finanzkapitals, der Liberalisierung und Privatisierung, welche die Diskrepanzen in der Wohlstandsverteilung erhöht haben? Scherhorn sieht diesen gemeinsamen Nenner in dem ungerechtfertigten *Primat des Kapitals* und der *Privilegierung des Finanzkapitals*: »Dass Regeln und Kontrollen ... ersatzlos gestrichen wurden, lag im Interesse des großen Kapitals und wurde mit dem Glauben an die Selbstregulierungskraft der Märkte verbrämt«.

Staat und Markt – eine neue Balance muss her!

In einem Beitrag zum JAHRBUCH ÖKOLOGIE 2010 schreibt Ernst Ulrich von Weizsäcker, dass die aktuelle Finanz- und Wirtschaftskrise aus dem *Verlust der Balance zwischen Staat und Markt*, aus der Arroganz und dem Einfluss der »Markt-Ayatollahs« resultiere. Dieser Verlust der Balance sei ein relativ neues Phänomen, politisch kaum zwanzig Jahre alt, wenngleich von Autoren wie Milton Friedman und Friedrich von Hayek schon Jahrzehnte früher herbei geschrieben und von Politikern wie Margret Thatcher und Ronald Reagan auf nationaler Ebene zum Programm gemacht. Was aber spielte sich ab in den zwanzig Jahren nach dem Fall der Mauer, nach der »Wende«? Weizsäcker fasst es in diese Worte:

(1) Das Wort »Globalisierung« hielt Einzug in alle Sprachen der Welt.

(2) Das Kapital wurde als »scheues Reh« dargestellt, das sich beim leisesten Lärm von zu hohen Steuern oder von Mitbestimmung zurückzieht; das Werben um Kapital, um Investoren, wurde zum Hauptgegenstand des »Standortwettbewerbs«.

(3) Innerhalb dieses Standortwettbewerbs gab es zwei Arenen: Auf staatlicher Ebene ging es um den Abbau des »teuren« Sozialstaats, die Senkung der Unternehmenssteuern, die Deregulierung des Arbeitsmarktes und der Finanzmärkte und um die Beseitigung von »Handelshemmnissen«; auf der betrieblichen Ebene rückte der Kostenwettbewerb in den Vordergrund. Vorstandsvorsitzende waren jetzt die Finanzvorstände, nicht mehr die Technikvorstände. Die »Konzentration aufs Kerngeschäft«, das Auslagern von möglichst

viel Zulieferung, hatte Konjunktur, und die Zielländer der Auslagerung waren die Billiglohnländer, allen voran China. Auch gut verdienende Firmen wurden von den Anlegern dazu getrieben, deutlich höhere Kapitalrenditen vorzuweisen, andernfalls werde man zur Beute von »Heuschrecken«.

(4) Und die Finanzmärkte wurden komplett anglo-amerikanisch. Man konnte sich in einer deutschen Bank nicht mehr sehen lassen, wenn man sich nicht der Gehirnwäsche durch anglo-amerikanische Ratingagenturen unterzogen hatte. Die Deregulierung ließ einen neuen Dschungel von angeblich hoch profitablen »Produkten« und »Instrumenten« wachsen, deren Risiken selbst ihre Erfinder nicht mehr abschätzen konnten.

(5) Und schließlich machte die Internet-Revolution vieles technisch erst möglich und beschleunigte dabei manche Prozesse derart, dass die üblichen Kontrollmechanismen außer Kraft gerieten.

All diese Entwicklungen reduzierten den Gestaltungsspielraum des Staates weitgehend auf das »Mithalten im Standortwettbewerb«. Die Stimmen der Investoren erschienen der Regierung hierbei oft wichtiger als die Stimmen der eigenen Wählerschaft. Das Volk merkte das zwar irgendwann, suchte die Schuld aber eher bei der Politik als bei den Finanzmärkten.

Die eigentliche Chance und das Erfordernis der gegenwärtigen Krise bestehe daher darin, so Weizsäcker, die Unwucht zwischen den Finanzmärkten und der Demokratie wieder zu überwinden. Nachdem sich die vormals vergötterten Meisterakrobaten der Finanzwelt so gründlich blamiert haben, bestehe nun die Möglichkeit, ernsthaft über die nötige neue Balance zwischen Staat und Markt zu diskutieren. Wir müssten sicherstellen, dass in einer globalisierten Welt die zentralen Funktionen des Staates gewährleistet und auch finanziert werden können. Das Austrocknen der Steueroasen wäre hierbei ein erster wichtiger Schritt.

Weitere notwendige Schritte in Richtung einer neuen Balance lassen sich unter dem Stichwort »Global Governance« zusammenfassen. Die Autorität internationaler Organisationen muss gestärkt und gegenüber der Privatwirtschaft und den Einzelstaaten durchsetzbar gemacht werden. Auch die Frage der Finanzierung globaler Gemeinschaftsgüter und das Erheben globaler Steuern oder Abgaben auf die Nutzung dieser Güter müssten nun auf den Tisch.

Die Beschränkung der Macht der Märkte und des privaten Geldes ist nötig für die Wiederbelebung der Demokratie und für die Annäherung an soziale Gerechtigkeit bei uns und weltweit. Diese Balance ist aber auch nötig, um die berechtigte Forderung eines »Green New Deal« – einer nachhaltigen Finanzwirtschaft und einer ökologischen Wirtschaftsstruktur – praktisch wirksam werden zu lassen.

ANHANG

Finance ist kein Selbstzweck!
Acht Thesen zum Neustart nach der Krise
von Bernhard Emunds

1. Finanzinstitute, deren Schulden ohne staatliche Unterstützung größer als die Vermögenswerte sind, werden (vorübergehend) verstaatlicht.

2. Für die Dauer der Krise werden die Vorschriften zur Kapitaldeckung für Banken (»Basel II«) außer Kraft gesetzt.

3. Für die Dauer der Krise wird der Kleine-Jungen-Wettbewerb der Manager, wer die höchsten Einkommen kassieren könne, durch eine weltweit gültige absolute Obergrenze beendet. In der gleichen Zeit werden die Gewinnausschüttungen der Kapitalgesellschaften zu 100 Prozent besteuert.

4. Die strenge Regulierung der gesamten Finanzbranche ist die notwendige Kehrseite ihres Erpressungspotenzials.

5. Ein globaler Finanz-TÜV stellt eine Liste der erlaubten Finanzprodukte zusammen.

6. Damit in Zukunft nicht mehr eine große Preisblase auf den Vermögensmärkten entstehen kann, muss es möglich gemacht werden, Kreditzuflüsse auf diese Märkte einzuschränken, ohne zugleich das realwirtschaftliche Wachstum abzuwürgen.

7. Die Weltwirtschaftskrise kann nur durch einen sozialen Politikwechsel überwunden werden.

8. Mit Blick auf den Klimawandel müssen die Konjunkturpakete ökologisch umgepackt werden.

Bernhard Emunds, Jahrgang 1962, ist Professor für Christliche Gesellschaftsethik und Sozialphilosophie an der Philosophisch-Theologischen Hochschule Sankt Georgen des Jesuitenordens in Frankfurt. Emunds leitet dort das Oswald-von-Nell-Breuning-Institut, benannt nach dem Nestor der katholischen Soziallehre. Schwerpunkte seiner wirtschaftsethischen Arbeit sind die internationalen Finanzmärkte, der Arbeitsmarkt und der Sozialstaat. Die acht Thesen formulierte er im Auftrag der FRANKFURTER RUNDSCHAU für den G20-Gipfel in London.

Quelle: FRANKFURTER RUNDSCHAU, 2. April 2009, S. 2 und 3.

Die Philippika des Präsidenten

Auszüge aus der »Berliner Rede« von
Bundespräsident Horst Köhler am 24. März 2009

Am Anfang steht die Frage: Wie konnte es zu dieser Krise kommen?

Noch kennen wir nicht alle Ursachen. Aber vieles ist inzwischen klar. Zu viele Leute mit viel zu wenig eigenem Geld konnten riesige Finanzhebel in Bewegung setzen. ... Die Banken kauften und verkauften immer mehr Papiere, deren Wirkung sie selbst nicht mehr verstanden. Im Vordergrund stand die kurzfristige Maximierung der Rendite. (...)

Bis heute warten wir auf eine angemessene Selbstkritik der Verantwortlichen. Von einer angemessenen Selbstbeteiligung für den angerichteten Schaden ganz zu schweigen. (...)

Wir erleben das Ergebnis fehlender Transparenz, Laxheit, unzureichender Aufsicht und von Risikoentscheidungen ohne persönliche Haftung. Wir erleben das Ergebnis von Freiheit ohne Verantwortung. (...)

Aber Schuldzuweisungen und kurzfristige Reparaturen reichen nicht aus, wenn wir die tiefere Lehre aus der Krise ziehen wollen. Denn es gibt einen Punkt, der geht uns alle an. Obwohl der Wohlstand ... beständig zunahm, ist auch die Staatsverschuldung kontinuierlich angestiegen. Man stellte Wechsel auf die Zukunft aus und versprach, sie einzulösen. Das aber ist bis heute nicht geschehen. ... Wir haben die Wechsel an unsere Kinder und Enkel weitergereicht und uns damit beruhigt, das Wirtschaftswachstum werde ihnen die Einlösung dieser Wechsel erleichtern. Jetzt führt uns die Krise vor Augen: Wir haben über unsere Verhältnisse gelebt. (...)

Und wir haben uns eingeredet, es gebe einen Königsweg, diese Widersprüche aufzulösen: Wir haben uns eingeredet, per-

manentes Wirtschaftswachstum sei die Antwort auf alle Fragen. …
Die Finanzmärkte waren Wachstumsmaschinen. Sie liefen lange
gut. Deshalb haben wir sie in Ruhe gelassen. Das Ergebnis waren
Entgrenzung und Bindungslosigkeit. Jetzt erleben wir, dass es
der Markt allein nicht richtet. Es braucht einen starken Staat, der
dem Markt Regeln setzt und für ihre Durchsetzung sorgt…. Die
Krise zeigt uns: Schrankenlose Freiheit birgt Zerstörung. Der
Markt braucht Regeln und Moral. (…)

Die internationalen Finanzmärkte brauchen eine neue Ordnung durch bessere Regeln, effektive Aufsicht und wirksame
Haftung. (…)

Wir brauchen ein neues, durchdachtes Weltwährungssystem
und ein politisches Verfahren für den Umgang mit globalen Ungleichgewichten. (…)

Es geht um unsere Verantwortung für globale Solidarität. …
Es geht um eine Weltwirtschaft, in der Kapital den Menschen
dient und nicht Herrscher über die Menschen werden kann.

Begreifen wir den Kampf gegen Armut und Klimawandel
als strategische Aufgaben für alle. Die Industriestaaten tragen
als Hauptverursacher des Klimawandels die Verantwortung dafür, dass die Menschen in den Entwicklungsländern am härtes-
ten davon getroffen sind. Der Kampf gegen die Armut und der
Kampf gegen den Klimawandel müssen gemeinsam gekämpft
werden. (…)

Wir wissen heute: Es wäre ein geringeres Risiko gewesen,
eine Eisenbahnlinie quer durch Afrika zu bauen, als in eine New
Yorker Investmentbank zu investieren. (…)

Der Klimawandel zeigt, die Erde wird ungeduldig. Wir brauchen eine neue Balance zwischen unseren Wünschen und dem, was
der Planet bereit ist zu geben… Es geht um ein Wohlstandsmodell,
das Gerechtigkeit überall möglich macht. Wir wollen gemeinsam beschließen, nicht mehr auf Kosten anderer zu leben. (…)

Nehmen wir uns deshalb die nächste Revolution bewusst
vor: diesmal die ökologische industrielle Revolution. (…) Das ist
nicht nur eine Aufgabe der Wirtschaft. Es ist eine kulturelle Herausforderung. Ja, unser Lebensstil wird berührt werden…. Sparsamkeit soll ein Ausdruck von Anstand werden – nicht von Pfen-
nigfuchserei, sondern aus Achtsamkeit für unsere Mitmenschen
und für die Welt, in der wir leben. (…)

Das Alphabet der Krise
von Hans Magnus Enzensberger

Die Wirtschaft bringt ihren eigenen Wortschatz hervor, der mit einer brutalen Deutlichkeit aufwartet, wie sie in der Finanzbranche bisher nicht üblich war. Ein kleiner Auszug aus ihrem Vokabular:

ABCP, ABS, CDO, CDS, CMO, MBS, SIV, SVP, Akronyme; englisches Äquivalent: *mumbo-jumbo*, soviel wie Brimborium, Kauderwelsch, Schmu; Unverständlichkeit als Stilideal; erinnert an den Redefluss von Hütchenspielern. Siehe auch unter *toxisch*.

Abwrackprämie, die; Belohnung für die Vernichtung von Gebrauchsgegenständen; ihr Besitzer empfängt die Prämie, die er als Steuerzahler entrichtet. Abgewrackt werden auch insolvente Banken; in diesem Fall kommt die Prämie als Bonus den Managern zugute, die für die Pleite gesorgt haben.

Analyst, der; einer, der es aus guten Gründen nicht wagt, sich einen Analytiker zu nennen. Wehe dem, der sich einem Therapeuten anvertraut, dem selber auf keiner Couch mehr zu helfen ist.

Bad Bank, die; ein Neologismus, der an die Rede von den schwarzen Schafen erinnert und offen lässt, ob es auch Banken gibt, in denen das Gute gedeiht.

Berater, der; Bankangestellter, der ebenso im Nebel stochert wie seine Kunden, aber wenigstens, solange der Umsatz stimmt, Geld damit verdient, statt es einzubüßen.

Casino, das; eine legale Veranstaltung, bei der stets die Bank gewinnt. Die Teilnahme ist auch im Internet möglich und heißt dort »online banking«.

Kettenbrief, der; in der Finanzbranche bekannte Postwurfsendung, für die es stets dankbare Empfänger zu geben scheint. Siehe auch unter *Pilotenspiel*.

Paket, das; Sperrgut, das, als stünde Weihnachten vor der Tür, überall geschnürt und auf den Weg gebracht wird. Der Versand erfolgt nicht per Nachnahme. Die Rechnung übernimmt auf keinen Fall der Empfänger. Der Inhalt ist mindestens neunstellig und erinnert an ein beliebtes Geschenk zum Kindergeburtstag: an die Wundertüte.

Pilotenspiel, das; ein Vergnügen, das sich viele Personen von geringer Intelligenz mit wenigen »Masters of the Universe« teilen.

Produkt, das; oft mit dem Adjektiv innovativ verbunden; ein Phantasieerzeugnis jener Branche, die stolz darauf ist, dass sie nichts produziert.

Rating, das; Bewertung von Wertpapieren, die an die Punkte von Weinexperten und an die Kochmützen der Gastronomie-Ratgeber erinnert. Irrtum vorbehalten! Die Agentur kassiert, lehnt jedoch jede Haftung ab.

Realwirtschaft, die; zur Unterscheidung von ihrem Gegensatz, einer Ökonomie, die vor allem mit Fiktionen beschäftigt ist.

Risikomanagement, das; dient nicht der Begrenzung, sondern der Steigerung der Nebenwirkungen. Eine Packungsbeilage ist nicht vorgesehen. Ärzte und Apotheker gehören nicht zum Personal.

Spritze, die; aus der Drogenszene bekanntes Instrument zur Verabfolgung hoher Dosen, um den Kreislauf der Abhängigen zu stabilisieren und sie vor Entzugserscheinungen zu bewahren.

Standort, der; Begriff aus dem Militärwesen. Seitdem an die Stelle der stehenden Heere Unternehmen getreten sind, fürchten die Städtebewohner nicht mehr den Verlust einer Garnison. Man zahlt für den Verbleib anderer Bataillone.

Toxisch, Adj.; eine Eigenschaft innovativer Produkte. Siehe unter *Produkt*.

Verstaatlichung, die; Ideal der kommunistischen Parteien, das von Großbanken herbeigefleht wird.

Vertrauen, das; ein Gefühl, um das händeringend geworben wird, weil eine andere Regung, das Misstrauen, sich als nützlich erwiesen hat.

Wirtschaftsweisen, die; eine staatlich geprüfte Ansammlung von hoch dotierten Kaffeesatz-Lesern.

Zertifikat, das; ein Papier, das dem Anleger ein Maximum an Unsicherheit garantiert.

Quelle: Literaturmagazin Die Zeit Nr. 12 vom 12. März 2009.

Danksagung

Ich möchte mich bedanken für die freundliche Anregung meiner Arbeit durch Kenner und Weise, die schon seit vielen Jahren ihre Stimme erheben gegen Ausbeutung und Ungerechtigkeit, gegen das Wegsehen und Verdrängen, gegen die Unverschämtheit, mit der in unserer Gesellschaft Einige Geld schaufeln, während andere kaum über die Runden kommen. Danken möchte ich besonders den Professoren Hans Christoph Binswanger, Hans Magnus Enzensberger, Gerhard Scherhorn und Ernst Ulrich von Weizsäcker, deren Texte mir Geleit und Richtung gaben und an die ich mich anlehnen durfte. Ich hoffe, sie haben an diesem Buch so viel Freude wie eben möglich.

Ich danke meinen Schwestern Barbara Böttcher-Steinhardt und Dodo Steinhardt, die sich auf die Suche nach Schreibfehlern und anderen Ungereimtheiten machten und allzu oft fündig wurden. Textliche Ungetüme wurden von ihnen ebenso in der Luft zerlegt, wie von meinem Mann Udo, dem es darüber hinaus richtig Spaß gemacht hat, hier und da den Rotstift anzusetzen. Dank gebührt auch Dirk Uecker, der die Texte, die mein PC hin und wieder im Orkus entschwinden ließ, wieder einfing und zur Erde zurückbrachte.

Den Zeitungen FINANCIAL TIMES DEUTSCHLAND, FRANKFURTER RUNDSCHAU, FREITAG, HAMBURGER ABENDBLATT, KIELER NACHRICHTEN, SÜDDEUTSCHE ZEITUNG, STERN und ZEIT verdanke ich zahlreiche Informationen und Einschätzungen aus der laufenden Berichterstattung über das, was vielen Menschen und auch mir eine Zeitlang den Atem nahm.

H. S.